「先送り」しないための40のコツ

面倒くさがりやの超整理術

美崎栄一郎

SOGO HOREI PUBLISHING CO., LTD

まえがき

整理整頓しましょうと子供の頃、学校で言われました。会社でも机を整理しろとか、書類を整理しろとか言われます。

ですが、面倒くさい。そんなことをやっているくらいならば、ほかのことをやっていたい――。だれもがそう思っていることでしょう。私もそうです。

世の中に整理術の本はたくさん出ています。片づけの本もたくさん出ています。私も片づけや整理の本は趣味的によく読みます。それで片づけた気分になります。いいことです（笑）。たくさん、片づけや整理術の本を読んで実感したことは、この著者たちは整理整頓が得意なんだ、好きなんだということです。

私も片づけや整理に関する本は、この本で3冊目になりました。ですが、正直なところをお話しすると、片づけが好きでも得意でもありません。むしろ苦手なほうです。この本の執筆依頼があったときには、結構渋りました。「また、整理術の本ですか?」と。冒頭からイヤイヤ書いている感、満載ですね。どういう本なんでしょう（笑）。もう少しお付き合いください。

片づけや整理に悩む人は一杯います。ニーズがあるのも分かっています。そのため、この本はそういう片づけや整理に悩む人向けの本にすることにしました。

片づけが面倒くさいと思っている人向けです。ですから、この本の内容を全部やらなくてもいいです。できるだけ、私でも実践できる面倒くさくない方法を書きましたが、気になったところだけ、整理したらいいんじゃないでしょうか。

整理しなくても今までやれているわけですから。気になったところだけ、楽な方法で片づけたら。

私の実感では、整理整頓に悩む人はこの本だけではすべては解決しません。で、この本で、うまく解決したとしても、リバウンドします。

おいおい、整理術や片づけの本にはリバウンドしないと書いているじゃないですかと思った人も多いでしょうが、世の中の状況は変わるし、仕事のツールもルールも変わります。また、読者のみなさん自身の状況も変わりますから、常に新しいやり方を模索しなければ、同じやり方でリバウンドしないわけがありません。色々なモノや入ってくる量が増えてしまったのが現代社会ですから、リバウンドする危険性は大いにあるのです。もちろん、解決する方法も出てくるかもしれませんが。

ですから、すべてが解決すると思わないでください。正直な本でしょう（笑）。ただ、現時点で「楽して」できる有効な策はすべて公開しようと思っています。

目次を読んでもらって、「ここは何とか整理したいなぁー」と思っている項目があれば、そこだけ立ち読みしてもらって、使えそうであれば実践してみてください。

全部が整理されなくても、整理したいところだけをうまく整理できれば、仕事もプライベートもうまくいくんじゃないかなと思います。完璧じゃなくてもいいじゃないですか。

あなたにとって、完璧な整理整頓は本当に必要でしょうか?

では、モチベーションが高いうちにどんどん読み進めてください。で、「これは使えるな」と思ったところから、本を置いて実践してみてください。なお、見出し下にある「〇分」は、たったそれだけの時間だけ実践することで整理が楽になるという目安です。

面倒くさがりやの超整理術

contents

第4章 日常業務の整理編

第5章 デジタル整理編

第6章
思考の整理編

本書内に掲載されている商品・サービス情報は２０１８年10月現在のもので、仕様・価格など変わる可能性があります。

装丁・本文デザイン　西垂水敦・遠藤　瞳（krran）
イラスト　山口正児
校正　矢島規男
ＤＴＰ　横内俊彦

第1章
美崎式整理術

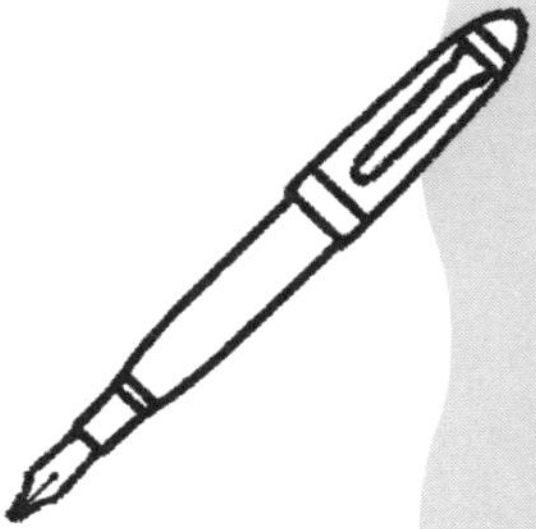

完璧な整理は必要ないけれど

面倒くさいけど、整理は必要かな？
そう思った人がこの本を手に取っていると思います。はい、そのとおりです。ある程度の整理は必要です。

ある程度でOKということです。つまり、完璧な整理は必要ありません。

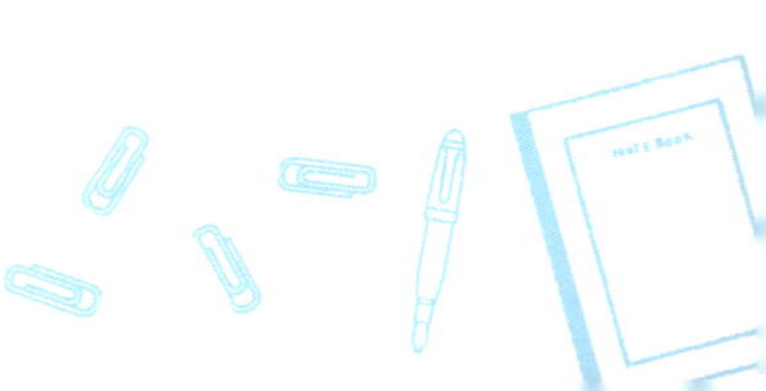

自分の仕事やプライベートがスムーズに行くように整理すればいいだけ。原則は、モノの場所を自分で把握できるようにすることです。
リバウンドしたら、やり方を変えればいい。自分に合ったやり方があるはずです。
この本もそのやり方のひとつの例です。

面倒くさがりの私は、欲しいモノの場所まで30秒以内に辿り着くことができると嬉しい。できれば、3秒以内に辿り着くことができると最高です。2分以上になると面倒なので、あきらめてしまいます。

ですから、面倒くさくないように、意識して工夫した結果をお伝えしていきます。

例えば、アクティブな本棚をひとつ作って、その中だけで本を管理する方法にしました。すると、ぐんぐんと本を読むことができるようになりました。後ほど説明したいと思います。


目的に対して、答えをひとつにしておくということが、面倒くさい人にオススメする整理のポイントです。目的は色々あると思いますが、その答えとなる場所ややり方はひとつに集約することが重要です。靴は玄関にあるから、靴を履くのは簡単です。ですが、もし靴が自分の部屋のクローゼットにあるとしたら、出してくるのが大変ですから、面倒になって出すのをやめてしまうわけです。私なら外出するのも億劫になり、外出自体をやめてしまうかもしれません。

自分のルールにうまく合うように住宅メーカーや建築家の人が玄関の靴箱を作ってくれていれば、快適な玄関になるでしょう。他人の家にお邪魔したときには、玄関の問題は感じません。他人の家の玄関には自分の履く靴がひとつしかないからです。ですから、整理する必要がないのです。

同じモノが複数存在する場合には、整理したほうが良くなるということです。選ばないといけないので、整理されているほうが、使うのが楽でしょう。

書類だって、文房具だって、配線コードだって同じです。ひとつしかなければ、まったく整理の必要はありません。でも、好きなモノほどたくさん購入してしまうので、色々なモノが溢れてしまいます。ですから、実はあなたにとって好きなものほど、整理が必要なものになるのです。これが整理を悩ましくするジレンマなのです。

好きですから、考えてしまうわけです。私は文房具好きですから、山のように文房具を持っています。好きですから、簡単に捨てられない（苦笑）。「使わないだろうなぁ」と思っていても捨てるのに躊躇《ちゅうちょ》してしまうわけです。ですから、とりあえずは捨てずに整理する術をご紹介します。ガジェット好きですからガジェットまわりでも同じことが起こり、本好きですから本や雑誌でも同じことが起きてしまうわけです。

整理しなければと思うもののひとつに書類があります。

おっと、書類は好きなものではないですよね。はい。私も好きではありませんから、同感です。こちらの問題は、自分基準ではないところから発生する問題です。書類は相手から渡されるものなので、増える一方です。郵便ポストを塞いでいれば、新規のお便りは入ってこないですが、そんなことはできませんよね。打ち合わせをすべて拒否すれば書類は渡されないかもしれませんが、そんなことは現代社会ではできませんよね。ですから、面倒くさくない書類の整理法が必要なのです。

技術やツールが進化したおかげで、この問題は解決策があります。ちょっとだけ最初は面倒ですが、一度、仕組みを作ってしまえば快適です。

メールなども同じですね。メールも毎日のように飛んできます。これも仕組みができていれば、すっきりします。私のメールボックスは、おかげで、毎日0になって終了します。

写真もそうかもしれません。こちらは自分が原因なのですが、ツールが便利になりすぎたおかげで発生する問題です。デジタルカメラ（デジカメ）やスマートフォン（スマホ）でバンバン撮れるようになって、写真や動画は大変な量になっています。この問題は解決策も技術やツールが進化したので、ほぼ解決しました。

一般的に整理に困っているものをテーマにしてご説明していきますが、特殊な例として、みなさん自身の個人的に整理が必要なものもあるはずです。色々な事例を自分のヒントにしてみてください。

例えば、アプリケーションソフト（アプリ）は私の場合ですと、4画面目に新しいアプリをチェックするためのページがあります。こんなページは普通の仕事をしている人には必要のないページでしょう。私は、『ＭａｃＦａｎ』（マイナビ出版）でiPhoneについての連載を持っているので、常時新しい面白いアプリ、便利なアプリを試しています。で、その新しいアプリを整理して管理するために、4画面目を使っています。スマホのほかのページについての考え方は、ご参考になることもあると思いますので、第5章でご説明します。

アプリだけではありません。私は商品開発コンサルタントをしているため、新しい製品をチェックするのも仕事です。色々なところから商品も届きますので、それは一度棚に入れておきます。棚を見れば、仕事量が可視化されるわけです。チェックするものですから、文房具からデジタルガジェット、食品まで様々なものが雑多に入っています。これも整理です。面倒くさいから、分類なんてしません。iPhone の４画面目と同じ考え方だとわかりますよね。

書籍は棚ひとつに整理しています。献本で送られてくる書籍と、自分で買ってくる書籍の２つの増え方があります。書籍は読むということで、オフィス外での仕事、主に移動中にする仕事になりますので、書籍も新しい商品ではありますが、置いている場所を変えています。

「シーンによって、ひとつにまとめること」。これが原則でしたよね。

出張や外出に持参するものは近くにまとめています。それと近いところに書籍は置いてあります。書籍はついでに持って行くものだったりするので、行動動線に近づけておくのが、面倒を減らす整理のコツです。

もし、トイレットペーパーがトイレのそばになければ、大変なことになりますよね。予備もトイレの中が基本ですよね。同じです。トイレだとその場所から出られないから、誰でも、ちゃんと整理しているわけです。考え方はトイレと同じようにすればいいのです。そういう場所を増やしていけば、面倒が少なくなる整理になっていきます。

新しい道具やツールで整理が簡単になっているものもあります。新しい道具やツールは、導入する最初の頃は面倒です。細かい設定が必要だったり、使い方を学ぶ必要があったりしますから躊躇します。ですが、一度設定してしまえば、次からは格段に楽になるはずです。

細かい設定のやり方は、この本では書きません。なぜならば、バージョンアップしたり機器の環境が変わったりすると、ボタンの位置などは変わってしまうからです。それよりも、整理術の情報をたくさん具体的に紹介することをメインにしています。

やれると分かっていれば、この本のキーワードを入れて、設定を丁寧に書いてくれているブログや公式サイトのマニュアルを参考にしてください。

面倒くさいを解決するためにかかる経費もあります。そのための金額はできるだけ書きましたが、金額は変わってしまうこともあるかもしれません。でも、書かないと読みながらイチイチ調べないといけません。ですから、読者のみなさんの参考のために、この原稿の執筆日現在（２０１８年10月）の価格を目安に書いています。値段や仕様は、変わるだろうと思われますが、ご了承ください。

それにしても、面倒くさい人に便利な世の中になってきました。知っていると、お得ですよ。

整理を楽にしてくれる「必須ツール」

整理を楽にしてくれる必須ツールを、いくつかまとめてご紹介します。色々なツールを試して、これが現状の私にとってのベストチョイスです。

名刺を整理したり、書類を整理したりするときのように、色々な使い道のある鉄板ツールをまとめて紹介します。

ＩＴ系のサービスは日進月歩です。王者「Dropbox《ドロップボックス》」や「Evernote《エバーノート》」だけではなく、新しいGoogleのサービスが出てきたり、神サービスに近かった「Amazon《アマゾン》 Drive《ドライブ》」が全然役に立たないサービスに成り下がったりと、ＷＥＢサービスは栄枯盛衰が激しいですが、下記に紹介したツールは今回の面倒くさい人の整理にはピッタリなので、重い腰を上げる気分になったら、導入してみてください。

スマートフォン

iPhoneが切り拓いたスマートフォンの発展で、色々な作業が外出先でもできるようになりました。情報収集や発信、写真などの記録もこれなしではできないくらいに。写真が気楽に撮れることによって整理すべき仕事を増やしてしまう問題もありますが、整理処理もしてくれる必須ツールです。私はiPhoneをメインにしていますが、Android携帯でも同じです。いまだと、どちらも同じようなアプリがありますから、差はほとんどありません。タブレットでも同じような作業はできます。iPadでもAndroidでも大丈夫です。

私自身、２０１7年に世界一周を紙袋ひとつで回ってきましたが、iPhoneだけあれば、iPhoneを使いこなせれば、世界のどこでも仕事ができてしまうくらいなのです。

ドロップボックスとグーグルワン

スマートフォンとパソコンで整理したデータを共有するために、必要な2つのツールがDropboxと「Google《グーグル》 One《ワン》」です。両方併用することをお勧めします。

最初はDropboxだけで運用していましたが、Google Oneの機能や使い勝手が良くなってきたので併用しています。「保管場所は原則ひとつ」からここはいまのところ外れてしまいますが、ご了承ください。

Dropboxは有料プランから無料プランに下げました。無料版だと2GBまでの容量が使えるのですが、色々と増量キャンペーンが実施されるので、続けているといつのまにか増えてくるでしょう。私の場合、現在は48GBまで使えるようになっていますが、こんなに要らない感じです。いま保存している容量を確認すると、1・5GBでした。抱えている執筆やコンサルなどのアクティブなデータだけがDropboxに入っています。

Dropboxは Dropboxの中のフォルダーをすべて同期させる設定（標準がこの仕様になっています）にしていますので、デスクトップパソコンのiMacで執筆するときも、外出先でMacBookやWindowsパソコンで執筆するときにも同じように作業に取りかかれます。自動的に同期しますから、ローカルのデータを扱っているような雰囲気でどの環境でも仕事をスタートできるのです。

一番老舗のサービスということもあり、色々なモノに対応するのでアクティブな書類はここに入れてスタートするというのが、面倒くさい人には便利だと思います。

次に、Google Oneです。有料プランで１ＴＢまで使えるようにしています。というのは、まったく整理せず、過去の仕事のデータをすべてこのGoogle Oneに入れているからです。Google Oneはパソコンと同期させません。クラウド利用だけにしています。一部分のフォルダーだけや全部のフォルダーと指定して同期させることもできますが、オススメしません。ファイル管理が複雑になってしまいます。ひとつに集約する原則に基づいて、Google Oneはクラウドにのみデータを置くことを基本とします。

最近のノートパソコンはＳＳＤと呼ばれる高速のメモリにデータを保存するので、容量にも限りがあります。私のMacBookは５１２ＧＢのＳＳＤなので、１ＴＢのデータは入りません。私のデスクトップパソコンには十分なハードディスク容量がありますが、必要なときに必要なデータにアクセスできるように、デスクトップパソコンにはデータを置かず、過去のデータはすべてGoogle Oneに入れています。

私のGoogle Oneの中身を確認すると、６００ＧＢでした。いままでの私の資料が全部ここに入っています。こまめに節約すれば、もっと減らすこともできますが、整理が面倒だから放置しています。おそらくですが、容量が一杯になる頃には、もっと大きな容量のプランが同額くらいで供給されているはずです。つまり、整理しなくても大丈夫なのです。

Google One をオススメする理由は、中に入っているワード文書、テキスト文書、PDFなどすべての書類の中身の文字まで検索対象になるので、整理していなくてもキーワードで検索すれば、目的のファイルに辿り着けるからです。「出張」と検索すれば、出張というキーワードの入った書類が表示されますので、フォルダーに分けてきちんと整理する必要がなくなります。整理の目的は見たいファイルに辿り着きやすくすることだとすると、フォルダー分けしなくても探せるので、フォルダー分けは適当でOKなのです。もちろん、フォルダー名も検索対象なのでキーワードになるフォルダー名を付けておくというのもひとつの方法です。

グーグルフォト

写真や動画は、すべて「Google《グーグル》 Photos《フォト》」に集約しました。過去にはパソコン内のフォルダーに入れたり、Dropbox に入っていたりと散乱していたのですが、画像や動画は Google Photos にすべて投げ込んでしまいました。

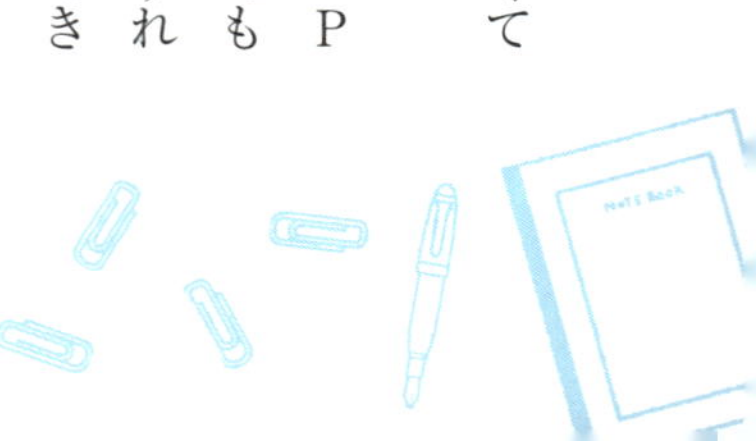

Google Photos はいくら画像を入れても無料です。

最近は動画にも対応しました。動画の場合は、大きさなどに制限がありますが、実用レベルではまったく問題がなくなりました。スマホで撮った動画レベルであれば、全部 Google Photos で大丈夫です。動画も無料で保存できます。

Google Photos のサービスは、他の写真保管サービスと比べて進歩の度合いがすごいので、今後もより便利になると予想できます。

入れた写真や動画は Google の技術で見た目では分からないレベルに圧縮されていますが、私は問題を感じたことはありません。また、データを抜き出したい場合は、「Google《グーグル》 Takeout《テイクアウト》」というサービスで、写真や動画を全部ひとかたまりでダウンロードすることもできます。裏技みたいになっているので、発見するのに最初は戸惑いましたが（苦笑）、心配であれば、Google のデータはすべてこの Google Takeout で取り出すこともできるのです。

ミニクラ

物理的なモノの整理は、ミニクラという倉庫サービスに任せています。私にとっては、待ちに待ったサービスです。思い出の品のような物理的なモノ、大事な本やＤＶＤ、捨ててはいけない紙の書類などはミニクラの段ボールに詰めて送るだけ。すると、ミニクラの倉庫で保管してくれます。これで、家のスペースがすっきりします。

ミニクラは寺田倉庫という保管を主として行っている会社が運営しており、トラブルも少なく安心できます。段ボール箱を２００円で買い、その箱に詰めて送るだけ。なんと送料は無料です。衣類だったり、雑貨だったり、書類だったり、ありとあらゆるものを預けています。段ボールひとつの保管料は月２００円。月２５０円のプランだと箱の中に入れたものを30点まで撮影してくれて、個別に取り出すこともできてしまいます。１年３ヶ月以上保管した段ボールを取り出すときは、戻ってくる送料すら無料になります。それ以前に取り出す場合でも送料は８５０円です。

「大事なので捨てられないけど、まぁ、普段は使わないよなぁ」と思っているものは、このサービスで一気に片づきました。やばいです。例えば、台湾や中国、韓国で翻訳された書籍とか私にとって大事ですが、読めないですから使いようがありません。機会があれば、誰かにあげることができるかもと本棚に置いてあった本は、ミニクラの倉庫の中です。広瀬すずさんや小松菜奈さんに会ったときにサインをしてもらおうと大事においてある映画のＤＶＤも普段は見ることがないので、これもミニクラの倉庫にと、大活躍なのです。会社の経理書類も税務署さんが監査するときでないと必要ではありませんから、過去のレシートの類いも預けてしまいました。おかげさまで、ホントにすっきりしました。

ドキュメントスキャナ「スキャンスナップ」

書類の整理は、ドキュメントスキャナ「ScanSnap《スキャンスナップ》iX1500」のおかげで画期的に片づきました。レシートも名刺も、チラシも、会議資料も書籍も雑誌の必要なページもロールに通る紙は、すべてScanSnapでテキスト付きのＰＤＦにしています。自動的に中の文字も読み取ってくれるのです。色々なレイアウトやフォントを使った書類があるので完璧ではありませんが、問題ありません。活字体のものはかなりの精度で読み取っていますから、ゴミのような紙の束がなくなり、検索がかけられるデータに変えてくれるんですから、最高です。

最初は価値がよく分からないですが、書類がどんどんなくなってしまう快感と便利さを享受すると、もうScanSnapのない世界には戻れません。

ScanSnapはいま、棚の中に置いています。ScanSnapクラウドというサービスが始まって、Wi-Fiでネットに直接繋がり、パソコンが不要になりました。書類の形に応じて自動的に設定したクラウドサービスに振り分けてくれます。通常の資料はEvernoteに、レシートは家計簿アプリの「Dr.Wallet《ドクターウォレット》」に、名刺は名刺管理アプリの「Eight《エイト》」に……。一度設定してしまえば、あとからはScanSnapの蓋を開けて、書類を置いてスキャンのボタンを押すだけです。

そうすればレシートは家計簿になるし、名刺は住所録にキチンと登録されるし、紙の書類はいつでも検索できるデータに変わるのです。すぐにシュレッダーにかけて紙の書類はなくしてしまえるようになりました。

ドキュメントスキャナはほかにもありますが、ScanSnapiX1500がオススメです。

エバーノート

いまだから言いますが、Evernoteが生まれて利用し始めた頃は、何が便利なのかよく分かりませんでした（苦笑）。分かるようになるのは、ある程度のデータが溜まってからです。Evernoteの仕組みは、毎月アップロードできる容量が決まっていて、翌月になるとまたデータを入れることができる。携帯の通信料のイメージでしょうか。
最初は、そんなに使い方も分からないので、容量全部を使うこともなかったのですが、段々と入れると便利さが分かってきて、使用容量が増えています。音声ファイルやエクセルにパワーポイント、テキストでも画像でも何でもぶち込めます。ぶち込んだすべてのデータがここにあるのだから、Evernote だけを検索すればいいので快適です。

前述した ScanSnap で紙の書類は、すべて Evernote に入れてあります。自分の本も全部ＰＤＦにして Evernote に入れてあります。切り抜いた雑誌や資料なども全部入っています。見るか見ないか分からないような書類もとりあえずキープしています。あとで使うかもと思った資料も全部。おかげで、安心です。必要ならばここを探せばいいと分かるだけで、惜しげもなく紙の資料が棄てられます。

Evernote のアプリから写真を撮って登録することもできます。大きなサイズの書類などはスマホ写真で登録したほうが便利です。

エクステンションを追加しておけば、Google で検索したときに自分の Evernote の中のファイルも参照してくれます。この機能のおかげで、埋もれていた書類と偶然出会うことができると感動的です。整理もしていないのに必要な情報に辿り着けますし、日々の紙資料をどんどん入れてもサーバー容量を気にすることなく使えています。

私は月６００円の有料のプレミアムプランにしました。１枚あたりのノートのサイズが２００ＭＢなのが有料にした理由です。ＰＤＦ化した書籍を一冊ノートに貼り付けるには50ＭＢ前後必要ですので、２００ＭＢだと問題なく収納することができるからです。まずは無料プランからスタートして、使いこなしてくれば有料化にすると、より便利に使えるようになるはずです。

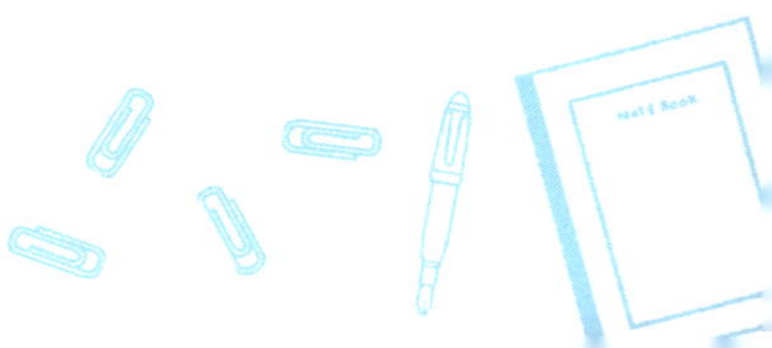

第2章

記憶媒体の整理編

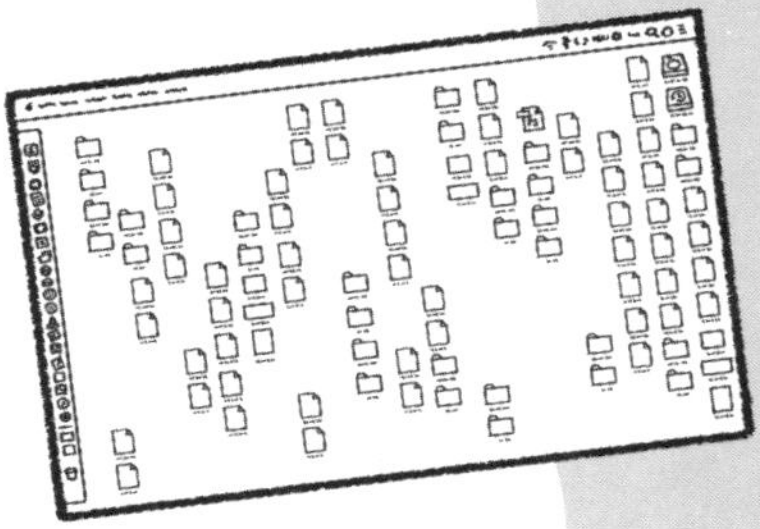

デジタル写真の整理［15分］

デジタルカメラが普及して、スマートフォンで写真が撮れるようになって、どんどん写真が溜まるようになりました。

思い出が詰まった写真、記録やメモとして撮った写真ですから、キチンと保管をしておきたい。しかし、この作業がかなり面倒です。

気が向いたときにしようと思って、そのままの人が多いかもしれません。ですが、この作業面倒くさいと思っていた人に、救世主が現れました。

このデジタル写真問題の決定打となったのは、Google Photosです。

Google Photosの登場で、写真を整理する必要がなくなりました。超便利。写真の整理はGoogleが自動的にやってくれます。アプリを入れておけば整理は不要。さらに、無料です。

まずは、スマホの写真の運用からご説明します。

iPhoneで撮影する写真が多くなり、最初はiPhotoやiCloudを使ってバックアップしていたのですが、保存するのにハードディスクの容量を必要としたり、iCloudの保存容量にお金を払わないといけなくなりました。でも、いまはiCloudへの写真の保管はやめちゃいました。Google Photos一択です。

Google Photosはどれだけの枚数を保存しても無料です。無料プランは写真をGoogleが定めた品質を保ちながらデータが圧縮されるのですが、最近のカメラの写真は無駄に容量がどんどん大きくなっているだけという気もしているので、個人的には無料プランでまったく問題ありません。もちろん、画質を保って商用グレードで保管したい場合は、オプションで追加費用を払えばできますが、普通の使い方であれば無料プランで充分でしょう。

①スマホにGoogle Photosのアプリを入れる
②Wi-Fi環境下で自動的にバックアップを取る設定にする
③毎日か毎週決めた日にGoogle PhotosをWi-Fi環境下で立ち上げる

写真の整理はこれだけです。これだけやっておけば、Google Photosを起動するだけでスマホの中の写真がすべてGoogle Photosにアップロードされます。日常的な作業は、③だけです。

最初は写真がたくさんありますから、バックアップに時間がかかるかもしれませんので、夜間などにやっておくといいでしょう。バックアップ途中で中断しても、続きはいつでもできるから安心です。

そのあとは、1日の日課的にGoogle Photosを起動してバックアップしておけば、スマホを水没しても紛失しても写真はクラウド上にありますから、思い出まで失うことはなくなりました。手間もかかりません。

Google Photosは、保管だけではありません。

Google Photosで写真を探すときに便利なのが、キーワードを入れるだけで探せることです。「野球」と検索すれば、野球の写真が出てきます。「ポケモン」と検索すれば、ポケモンGOの写真が出てきました（苦笑）。Googleの画像マッチング技術で、写真の中身まで検索できるようになったのです。「冷蔵庫」と検索すれば、コンビニの店頭で撮ったペットボトルの写真や大分県豊後高田市にある昭和30年代の町並みを再現した地区「昭和の町」で撮影した三種の神器まで出てきました。検索結果に間違いもありますが、目で探していたら、途方もない時間がかかりますし、やりたくもありません。ブログやレポートを書くときにも、このキーワード検索機能を使えば、欲しい著作権フリーの画像が手に入るわけです。もちろん、肖像権は別なので、人物が写っている写真はご注意ください。

キーワードと異なる間違った写真も出てきますが、ご愛敬。ちゃんと正したい場合は間違えているものを訂正すれば、学習されます。ユーザーの手も使って精度を上げていくのは、Google っぽいですよね。

従来、写真は整理をする必要があったのですが、Google Photos に入れさえすれば、整理がほとんど不要になったのです。顔写真から自分の写真だけ勝手に分けてくれます。例えば、福山雅治さんのライブに行ったときにポスターなどの販促物を撮ったのですが、福山さんと私は完全に分別されています。当たり前ですが……（苦笑）。高畑充希さんと有村架純さんが混同されていたり、広瀬すずさんと広瀬アリスさんも多少混ざってきますが、学習させれば精度はどんどん上がっていきます。集合写真レベルの被写体の小さな写真でも見分けてくれるから、便利です。家族を写った写真とかは、名前登録をしておくだけで、あとは自動的に Google が整理してくれます。

画像で検索しづらいものは、日付で検索すると確実です。「1998年9月27日」のように日付で検索すると、その日付で撮影したタイムスタンプの押してある画像がズラズラと表示されます。iPhone の発売が２００７年ですから、１９９８年であれば、かなり昔のデジカメの写真を持っていれば、見つかるかもしれませんね。

デジカメの写真も同じようにGoogle Photos にアップロードできます。この場合は、Google Photos のＷＥＢページでご自身のアカウントでログインすれば、アップロードというボタンが見つかると思いますので、それを押してファイルを選べばＯＫです。ドラッグ&ドロップでもアップロードできます。

過去に撮った写真も何千枚でも何万枚でもアップロードしておけば、ネット環境があれば、どこでも見られます。

デジカメ写真の場合は、画像データに撮ったデジカメの情報が書き込まれています。また、カメラの名前でも画像を検索できます。もちろん、iPhoneSE とか iPhone7 のような検索もできます。今後、どんどんできることが増えてくると思われます。

デジカメでも新しい機種はＧＰＳユニットを内蔵していますから、スマホのように位置情報を写真のファイルの中に記録してくれます。そうすれば、場所でも検索できます。もしデジカメを新しく購入される方は、ＧＰＳユニット内蔵のデジカメを買っておくと、より整理の手間が省けるでしょう。スマホだけの人は、カメラアプリの位置情報機能をオンにしておくことを忘れないようにしてください。

撮影場所でも検索できるようになっていますし、自動的にアルバムとしても分かれてくれます。私は世界一周を紙袋ひとつで回ったのですが、そのときにスマホで撮った写真は位置情報がありますから、何にも整理しなくても、シアトル、ニューヨーク、ロンドン、ウィーン、ストックホルム、モスクワ、イスタンブール、ドバイ、ミャンマー、シンガポールのように分類されています。

写真の整理はスマホでＧＰＳ情報付きで撮っていれば、面倒くさいことはまったくなくなりました。

写真については、このGoogle Photosを入れておけば、ほぼ整理の問題は解決したのです。アプリのインストールから初期の設定まで15分もあれば充分。あとは定期的にアプリ起動、１秒だけの手間でＯＫです。

アナログ写真の整理［30分］

「いや……まだ、過去に撮って紙に印刷された写真ががあるよ」という人もいるかもしれません。デジカメ登場以前はフィルムを使ってカメラで撮って、現像をお願いするのが普通でしたから、そのときの思い出の写真がある人も多いでしょう。

写真自体が高価だったこともあり、結構重いアルバムに入っていることも多いでしょう。これをデジタル化して Google Photos に入れておけば、あとは、デジタル写真と同じです。

けれど、このアナログ写真のデジタル化も面倒くさいんですよね。どうせ、押し入れの奥に入れて見ないモノだったら、そのままでもＯＫじゃないですか。思い出が消えるわけではないですから。

ちょっとやる気になってきたという人のためにオススメなのは、「PhotoScan《フォトスキャン》」という Google のスマホアプリです。アナログ写真をデジタル化するときに問題なのは、表面のテカリです。アルバムに入れた写真は表面のフィルムがツルツルですから光っていますよね。光をかわして撮るのは意外と大変です。とはいえ、写真を抜き出そうとすると、パリパリと破損してしまう恐れもありますから、抜き出さないほうがいいでしょう。解決策として、アルバムに入ったままでテカらないないように撮影する方法があるんです。それがPhotoScanというアプリです。

原理的には、写真を複数枚撮って、テカっている部分をうまくずらして良い画質のバラバラなデータを作りそれを合成するということなのですが、あっという間に1枚の写真がデジタル化されます。アルバム一冊を撮影するのに30分~1時間くらいあれば、デジタル整理できます。

最初か最後にアルバムの表紙写真も撮っておくと分かりやすいですね。アルバムすらもう思い出ですから。

少し面倒なのは、日付の問題。写真の撮影日がPhotoScanで撮った日になります。パソコンで、Google Photosを立ち上げて最新の写真からいま撮った写真を全部選択して、「日付を変更」という設定項目を選んで、すべてを適当な日付に変えてください。ざっくり「1971年1月1日」とか「1971年6月24日」のように、元日か自分の誕生日とかにしておけば、日付は適当でも検索できるでしょう。時系列にも年では並びますし。

はい。6月24日は私の誕生日です。はい……ありがとうございます。何かプレゼントがありましたら、楽しみにしております。

ファンレターは、a16.misaki@gmail.com　までよろしくお願いします。

脱線しましたので、戻します。では、「データ化してしまったアルバム自体はどうするの?」ということになりそうですが、それも解決策がありますが、45ページで詳しく紹介しますので、ここでは、段ボールに入れておけばOKとだけ答えておきます。

毎日見るわけではありませんからね。思い出に浸りたいときに出してくればいいんじゃないかなぁと思います。もちろん、データ化したので捨ててもいいという人は、それもアリですが。私は一応、そのまま段ボールの中に置いています。

さぁ、30分から1時間くらい時間があるときに、アルバム一冊くらいをサクッとデジタル整理しちゃってください。

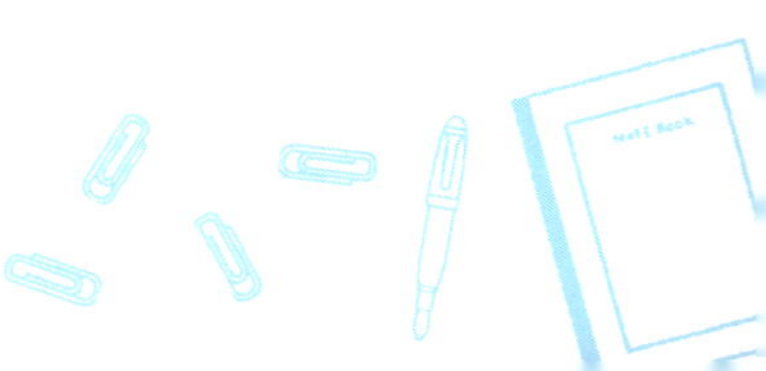

CDの整理〔10分〕

結構、昔買ったCDがありました。大ファンのB'z以外のCDは、聴くかどうか分からないんですけど、もったいないから捨てられない（苦笑）。でも、聴けるようにしておけば、躊躇がなくなりました。

10分でOK。パソコンでiTunesを起動して、CDをぶち込むだけです。数分でデータがデジタル化されます。CDはすでにデジタルなんですけど、形があります。でも、iTunesに入ると完全に形は見えませんからデジタル化された気がします。

iCloudのミュージックライブラリをオンにしておきます。これが、整理を不要にしてくれる呪文です。同じようなデータをアップルがうまくまとめて管理することで、データ容量を取らないように工夫して、クラウド上で音楽だけを格安で保管してくれるのです。

これでスマホからでもタブレットからでもパソコンからでも同じCDの音楽が聴けます。Androidの人も「Apple《アップル》 Music《ミュージック》」というアップルの公式アプリを使えば、同じように聴けますからご安心を。

ＣＤのジャケットを眺めたいのであれば少し整理の仕方が変わってきますが、初期設定だけしてあれば、一枚15分もかからないでしょう。放置している間に自動的にやってくれるので。ＣＤのケースにはまったく執着のなかった私はこれで全部ＣＤを捨てちゃいました。残しておきたい人は段ボール箱に保管でＯＫ。

実はもうひとつ問題がありまして、その問題もアプリで解決できます。問題は歌詞でした。

♪イヤな問題　大損害　避けて通る人生なら論外♪

というB'zの名曲『Wonderful Opportunity』の歌詞を知りたいときに歌詞カードが必要だったわけです。そのためには、アルバムを抱いて寝るしかありませんでしたが、この問題もシンパイナイ、モンダイナイです。

「Petitlyrics《プチリリ》」というアプリをインストールしてください。いま、聞いている曲の歌詞がカラオケボックスのように表示されます。ほら、ＣＤも心配ないでしょ。

ビデオ動画の整理［30分］

ビデオカメラで撮った動画も結構整理が面倒くさい。私は昔から新しいモノ好きだったので、Ｈｉ８だったりｍｉｎｉＤＶだったりと色々なビデオカメラで撮影したものが溜まり、もう見るのすら大変になってきました。ＶＨＳビデオで納品されたようなものも同じように片づけられます。

これ、色々な方法を試したんですけど、ダビング業者といったプロに頼んだほうが安いし面倒くさくありませんのでオススメです。自分でやると、古いテープとかは切れてしまいそうで怖いですし、機器をセットアップしてデータを取り込むのに数時間かかってしまいます。トラブルがあったらもっとかかります。いま、プロに頼む値段もかなり安くなっていて、１本あたり３５０円から２０００円くらいで済みます。送るだけ。

そうすれば、ＤＶＤになって帰ってきたり、ダウンロードできるデータになって送られてきたりします。必要事項を書いて送るだけです。面倒なのは15分だけ。心配な人は、数本だけやってみればいいんじゃないでしょうか。私も半信半疑で最初は数本だけにして試しましたが、クオリティも問題ないので全部頼んでしまいました。元のテープも返送してくれますが、途中から先方に廃棄してもらうようにしちゃいました。見たいのは映像であって、テープではないですから。

ビデオカメラの動画もパソコンで見られるようにデジタル化されたあとは、Google Photosに入れておけば、どこからでも見られるようになります。

パソコンでGoogle Photosのページから動画をアップロードすればＯＫ。時間が多少かかりますが、無料ですし。Googleが上手に容量を減らすようなことをやって保管するのですが、画質が落ちている感じはほとんどしないので、普通に使うのにはまったく問題ないでしょう。もちろん、キープしたい場合は元のデータをハードディスクやＤＶＤで残しておけばＯＫですが、ＤＶＤもいつまで使えるか分からないですから、クラウドに残しておくほうが、のちのちのことを考えると面倒くさくないでしょう。

本数がたくさんある人は、ちょっとコストはかかってしまいますが、慌てることでもないので、余裕のあるときにちょっとずつやればいいんじゃないかなぁと。どうせ、今まで放置してきたんですから（笑）。

ゆるーくいきましょう。

思い出の品の整理［60分］

スマホやパソコンのデータのような物理的なスペースを取らないものは増えても邪魔にはなりませんが、思い出の詰まったモノが増えると大変です。捨てられないけれど、場所も取る。おそらく使い道はないのだけれど、保管しておきたくなります。ですが、保管できる場所も限られますから、整理しなければいけないと思っている人も多いでしょう。

ですが、思い出の品を整理するのは、けっこう大変です。とくに棄てるのは、棄てると決断しなければなりませんので、時間がかかります。思い出の品との決別の時間が必要になるからです。

ここで、オススメするのは、判断を保留しつつ、場所を広げる技です。簡単です。

①ミニクラの箱を注文する（頼むと数日で届きます）
②入庫日を決める（宅配の人を呼ぶ日ですね）

③一気に箱に残したいもの30点を選んで詰める

１時間もあれば充分です。思い出の品は、ミニクラの箱を頼むときに、ＭＯＮＯという写真をひとつずつ撮ってくれるサービスを選ぶと良いでしょう。綺麗に撮影してくれますので、実際のモノは手元になくても、ミニクラのサービスにログインすれば、写真として眺めることができます。

このサービスの良いところは、簡単にスマホやパソコンで思い出の品を眺められることです。段ボールに入れただけだと面倒くさくて中身を見ることはありませんが、写真であればすぐに見られます。どうしても現物を見たくなったら、操作すれば、すぐに取り出すことができます。

30点以上になれば、また、箱を頼んでアイテムを追加しても良いでしょう。30点に収まるように踏ん切りをつけるのもひとつの方法です。

この方法だと、棄てるという０か１かの判断を一つひとつのモノについてしなくて良くなるので、気が楽です。60分もあれば思い出の品が整理され、その分のスペースが空くはずです。ミニクラＭＯＮＯのサービスだと月額２５０円の保管料がかかりますが、大事な思い出の品を預かって、写真まで撮ってくれるのであれば、費用対効果は充分だと私は思って預けています。

ちなみに、別に思い出の品だけを預ける必要はなくて、何でも預けられます。例えば、税務調査用に必要になるレシートは、全部ミニクラに預けてしまいました。写真を眺める必要もないので、これは写真を撮らないミニクラＨＡＫＯです。夏場に着ない冬服とか、２軍落ちしたモノもたくさん詰めて預けちゃいました。１年３ヶ月経てば、送料無料で返送できるので、タイムカプセル的にたまに開けて楽しんでいます。

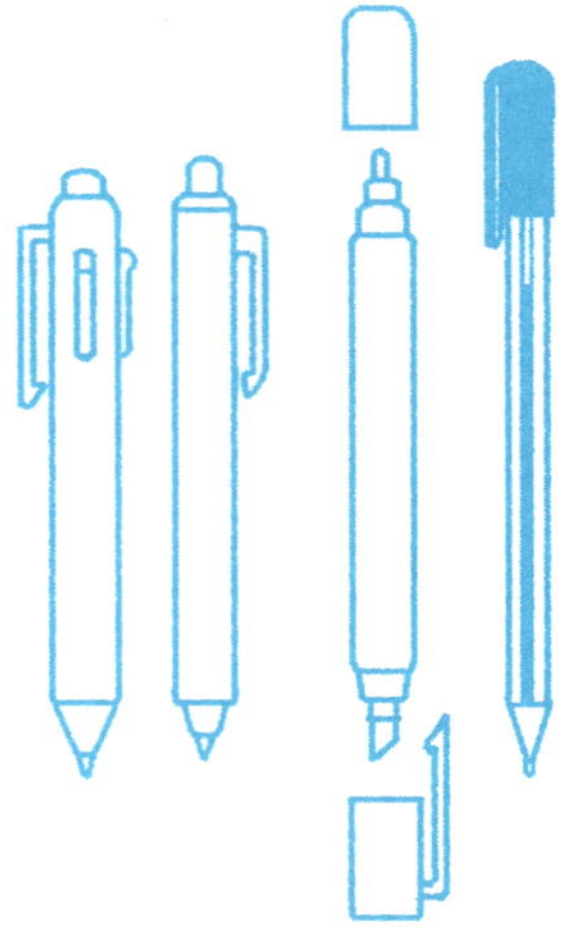

第3章 デスクまわりの整理編

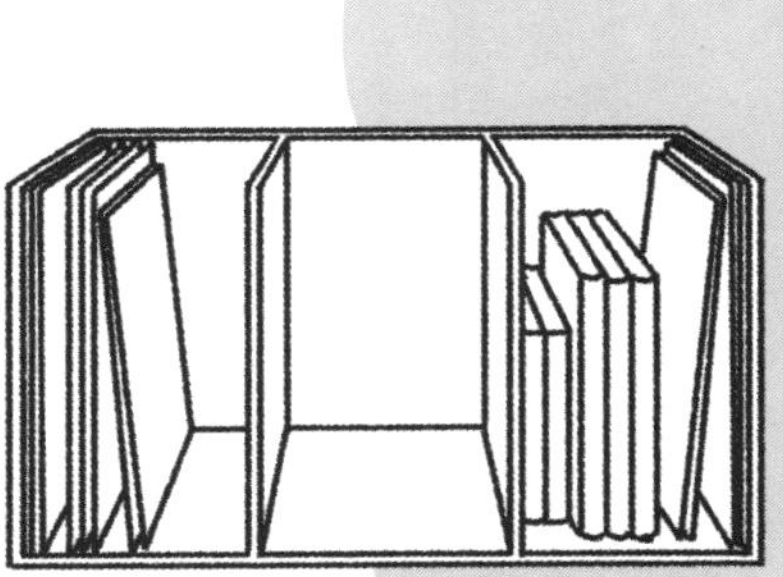

デスクの整理［1分］

デスクの整理は、永遠の課題です。私も悩み、改良、改善しながら現在にいたっております。まずは、デスクの上のリセットから始めるのがオススメです。所要時間は1分です。

①紙袋を用意する
②デスクの上のもの全部を紙袋にたたき込む

以上、乱暴ですが、これならば1分で片づきます。すっきりです。

で、1週間くらいかけて必要なものがあれば、紙袋から出して、3秒で取れる便利な場所に配置していってください。

デスクは、いつのまにか散らかります。なぜかというと、同じ仕事のやり方をずっと続けるわけではないからです。新しい仕事が入ってきたら、新しい仕事のやり方を試すかもしれません。

最近読んだ本で、「ダイエットに効くのはガム」という記載がありました。執筆などの作業をしていると集中力が欠けてくることがありまして、以前だと何か甘い物を食べていました。おかげで、体重はバブル経済のときの株価のようになっていました。何かを入れて、口を動かしていると頭が冴えてくるので、ガムでいいかもと本を読んでからボックスに入った色々な味のアソートのガムを置くようにしました。全部食べ尽くしても２５８キロカロリーですから、たいしたことはありません。

このアイテムは、以前は置いてなかったわけです。いまの私のスタイルには合っているから置いているわけです。

手順で言うとガムが食べたくなったら、紙袋からガムのボックスを出して右手側に置く。というのは、右効きなので、右手を使って食べるからです。

行動動線に必要なものを配置していきます。１週間経って使わないものは、当座は必要ないということで、デスクの下でも引き出しの中にでも入れておくほうが実際の作業効率は上がります。デスクの上のモノをどけて、スペースを広げて作業するという余計な手間も減りますし、たくさんのモノの中から必要なモノを見つける手間も減るからです。
例えば、現状ですとマウス、キーボード、デスクの机上台の上にiMacが載っています。左手には、充電ケーブルが３本、デスク上台にマグネットでぶら下がっています。机上台はリヒトラブの引き出し付きのモノを使って、マグネットでケーブルをまとめているのはプニラボの新製品です。毎朝デスクの上をカラ拭きと水拭きするためにクイックルワイパーハンディが柄を付けずに裸のままで転がっています。その横には１００円ショップで購入したアルコール除菌ティッシュが置かれています。
気がついたときに拭き掃除をするために、デスク上に掃除道具を置いているのです。掃除は面倒ですが、目の前にある道具を使うだけならば、汚れが酷くなる前に対応できるからです。

ペン立てには、ハサミと段ボールも切れるペーパーカッター、ノック式のジェットストリーム、フリクションライトの蛍光ペン、ノック式のフリクションボール３色ペン、ローラーケシポン、Xスタンパーがあります。

iMacにココフセンを貼っています。そのそばにポストイットポップアップノートが

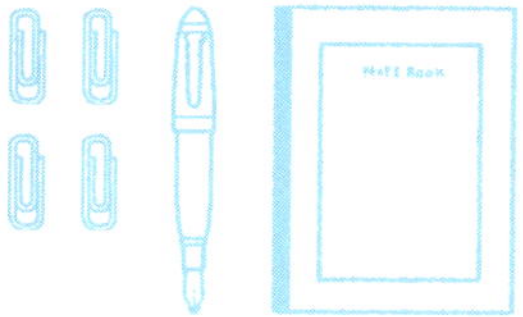

置いてあります。両者ともに糊が付いた付箋ですが、ティッシュペーパーのように片手で必要な分だけ簡単に取り出すことができるので、愛用しています。

このアイテムの配置だと、メモを書くまでに3秒です。そのための配置です。ペンも文房具もたくさん持っていますが、それは引き出しの中にしまってあります。使用頻度がそれほど多くないモノは、目の前ではなく少し不便な場所でも良いはずだからです。

例えば、紙の書類をデジタル化するために、最初のうちはScanSnapをデスクの上に置くようにしていました。場所は取りますが、紙をデジタルにするのは習慣になっ

ていなかったので、目に見えるところ、3秒で動かせるところに配置したのです。ですが、習慣になってくると、実際にスキャンニングする時間は、1日に長くても5分くらいですから、デスクの上のスペースはもったいない。で、棚に移動しました。ScanSnapがクラウド対応したことで、パソコンのそばに置いておく必要もなくなるように進化しましたから、どこに置いてあっても良くなりました。

良いツールが見つかったり、自分の仕事のスタイルが変われば、リセットすればいいのです。

本の整理［30分］

情報といえば、本。本の整理は2段階に分ける必要があります。

まず、いま読んでいる本やよく使う本だけを選びます。というのも、使っていいスペースは本棚の8割だけだからです。私の本棚はイケアで買った棚で、33cm×33cmが本棚スペースです。ですから、26cm分だけが本を置いていいスペースです。残りの7cm分は、追加で買ってきたりしたものが入るように余裕として残しておくスペースです。

7cm分を分かりやすくするために、A4サイズのファイルボックスを右側に置いています。ここに入るのは、基本的に新しく手にした本で、棚に入る段階になったら、既にあった本を次の2段階目の処理に回すというルールを課しています。

常に33cmの本棚だけをアクティブに回すようにしています。一冊2cmの厚さがあるとして16冊くらいです。一冊を2時間で読んだとして32時間。1日1時間の読書時間を充てられても、この量を読むのに1ヶ月かかるわけです。従って、これ以上はさばけない情報量だとわかります。私にとって、本や雑誌の価値は使える情報を得ることですから。

もちろん、よくある大学の先生の部屋の書棚のように、たくさんの本が入っていることを見せるだけで知識量を誇示することもできますから、たくさんあっても良いのですが。私はすべて読んだ本は自分でＰＤＦファイルにしてしまいました。作家やコンサルという仕事柄、本や雑誌はあとから必要になる資料でもあるので、どこでも読める態勢を作ったのです。

私が作家でなく会社員のときは、書籍は古本屋さんに売ったり、雑誌は廃棄したりしていました。普通の本の使い方は、読み終わったら棄てるで良いでしょう。残したいものは段ボールに入れて保管すれば邪魔にもなりません。邪魔な人は、冒頭で説明したミニクラの倉庫に段ボールごと入れてしまえば、必要なときに引き出せます。ですが、いまは絶版書ではない本はアマゾンなどですぐに買えますから本当に必要であれば、また買うほうが維持管理コストは安いでしょう。

アクティブな本は、新しい本が必ず右側に置いてあります。私は右利きなので、右に空いているスペースがあるほうがやりやすいからです。最近読んだ本だと、祥伝社から出た小野正誉さんの『丸亀製麺はなぜNo.1になれたのか？　非効率の極め方と正しいムダのなくし方』ですが、この本は読み終えたので右端に逆さ向けでタイトルが読みづらい状態で書棚に戻します。読み終えてなければ、通常の向きで右側に戻します。「手に取ったモノを右側に」というルールを決めておけば、書棚の左側に最近手に取ることのなかった本が並びます。ですから、書棚が一杯になった段階で左のものから処理していけば良いので、楽です。また、逆さ向きの本や雑誌は読み終えたものですから、何も考えずに廃棄や売却もできるでしょう。倉庫行きにしても構いません。

読んだ本を整理しておきたいという人は、もう少し面倒な手間をかける必要があります。「Booklog《ブクログ》」というアプリを入れます。で、本を読んでいる最中に、暇なときにバーコードを読み取れば、読んだとか読み途中だとか、情報を登録できるので、記録が残ります。本や雑誌を読んでいる途中や、読み終えたらBooklogで、バーコードを読み取ることだけやっておけば良いのです。過去に読んだ本も同じようにできますが、最初から完璧を目指さないことです。まずは、楽に整理できるところからスタートしましょう。本を読む時間を作るのが第一優先ですから。

文房具の整理

デスクに戻りましょう。デスクと言えば文房具です。

で、問題です。文房具の整理は必要なのでしょうか？

私自身、文房具に関する書籍を何冊も書いているくらい文房具については詳しく、相当な数の文房具を持っています。文具業界のイベントでは毎年のように講演をしていますし、文房具の朝活などにも行ったりしています。自他共に認める文房具好きなのです。

文房具好きにとって、文房具を購入することはやめられませんから、整理しなければデスクの上も引き出しの中も大変なことになってしまいます。

文房具にそれほどこだわりのない人は、「何のことだろう？」と「？」が頭の中で舞っているかもしれません。その人は、この項目を飛ばしてもらってOKです。

さて、よくある断捨離系の本では、捨てろとおっしゃいます。整理が必要なのかと言われるとYESと答えますが、捨てることまで必要かと言えば、私の場合はNOです。そもそも、好きで集めたものですから、置いておきたいわけですよね。でも、使わない。使うかもしれない状態で置いておくことに楽しみがあるのであれば整理して保有しておけばいいんです。

では、具体的に文房具の整理の方法についてですが、目的を明確にしてそれに応じたフォーメーションを設計しましょう。それが文房具の整理のポイントです。

まず、利用シーンごとに1軍と2軍に分けてください。私の場合、手帳という利用シーンで使うのは、フリクションボールの3色ペンとフリクションボールの蛍光ペンのソフトカラー3色です。マイルドな色の蛍光ペンなので、それほど主張しないところが気に入っています。ソフトピンク、ソフトグリーン、ソフトバイオレットを使っています。1色は遊びで毎回変えていたりします。ソフトバイオレットがその遊び色です。

手帳を使うシーンのひとつはパソコンのあるワークスペースです。アポイントはメールやチャットなどでやりとりしますから、手帳のスケジュールはパソコン作業で決まるわけです。ですので、手帳を使うシーンの1軍のペン達は、ワークスペースの

NOTE BOOK

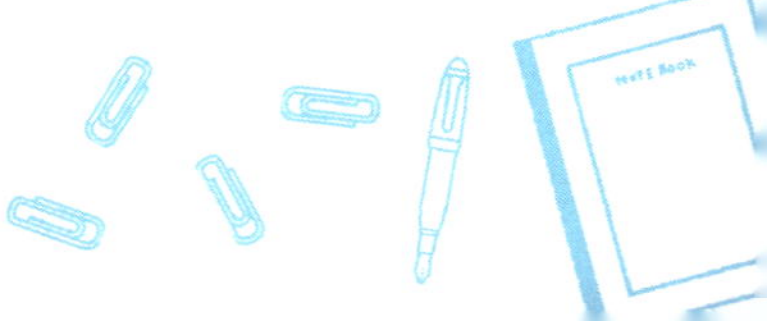
NOTE BOOK

右側のペン立てに立てています。
手帳を使うシーンのもうひとつは外出先です。この場合は、リアルな会議やスマホのメールなどを元に手帳の予定を記入&修正することがありますから、ペンケースに手帳用の1軍文具が必要というわけです。ですから、同じ文具が2セットあるわけです。私の場合は、ワークスペースでペンケースからペンを出すのすら面倒なズボラなので、下手に出してしまって、外出先でないぞというのを避けるためでもあります。2セットあるのはもったいないような気もするかもしれませんが、結果的になくなるまで使うとすれば、最終的には同じですし。

ほかのシーンも考えてみましょう。荷物や郵便物が届くとき、アマゾンのような段ボール箱で届くモノを開けるのに、以前はカッターを使っていました。ですが、最近不注意で指を切るという鈍くさいことをしてしまい、たいした傷ではなかったのですが、カッターをすべて1軍登録から抹消しました（苦笑）。指を切ることのないカッターということで、長谷川刃物の段ボール用カッターダンちゃんを購入し1軍に昇格させました。絶妙なギザギザがついていて段ボールやガムテープがサクサク切れるのですが、手を切ることはありません。レターオープナーとしても使えるので、それまで使っていた1軍のレターオープナーが2軍に降格しました。ダンちゃんは、すぐに使えるようにペン立てに立てています。玄関ですぐに段ボールを開けるという人であれば、玄関にあればいいかもしれません。とにかく利用シーンごとに1軍だけをその場所に残すのが鉄則です。

郵郵物を送るというシーンを考えてみましょう。封筒や便箋を出して、切手を貼り、マスキングテープでとめるというのが一連の流れになりますから、このときに使う1軍の封筒や便箋、マスキングテープのみを同じ場所にまとめておきます。無印良品で購入した引き出しボックスにこのセットがすべて入っています。1軍以外の封筒や便箋は、同じく無印良品の箱に入って棚の上に片づけてあります。まずは1軍から使用し、1軍のローテーションを変える場合にだけ箱を開けるわけです。

先走って書いてしまいましたが、2軍の文具達は全部同じ箱に入れてしまえばOKです。できれば、同じ仲間の文具は一緒に小さな箱に入れておくといいでしょう。お土産のお菓子の箱とかでOKです。ペンはペン、メモはメモ、付箋は付箋だけというように入れておけば、これはと思ったときに、復活させればいいわけです。箱に分かれていれば、必要なときには出せますし。

整理が必要だなと思ったのは、作業をするときに必要なものがすぐに見当たらなかったことがあったり、探すのに時間がかかっていることからだと思います。ですから、利用シーン毎に分けて1軍だけを出し、2軍以下は控えにあれば捨てる必要なんてないわけです。で、疲れたなぁと思ったときに、気分転換としておもちゃ箱を開け、入れ替えや捨てる判断をすればいいわけです。文具好きのあなたにとっては、仕事道具でもあり、おもちゃでもあるのです。子供からおもちゃを取り上げたら泣きますよね。

ほら、文房具は捨てる必要がありますか?

もちろん、シーンを思い描くことが重要で、そのシーンに必要なセットを組めば良いんです。で、残念ながら、その選から漏れた文房具達はいったん箱か引き出しの奥にしまって、次の出場機会を伺えば良いのです。

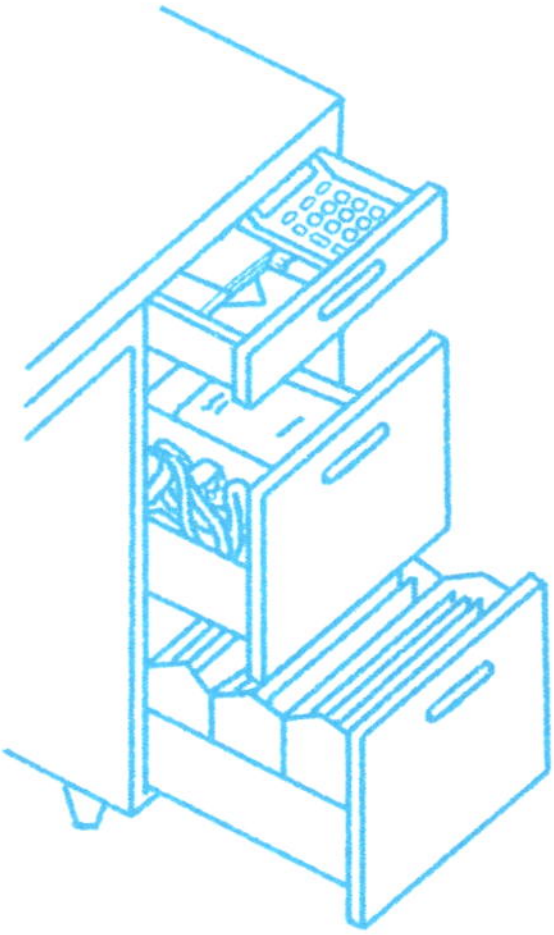

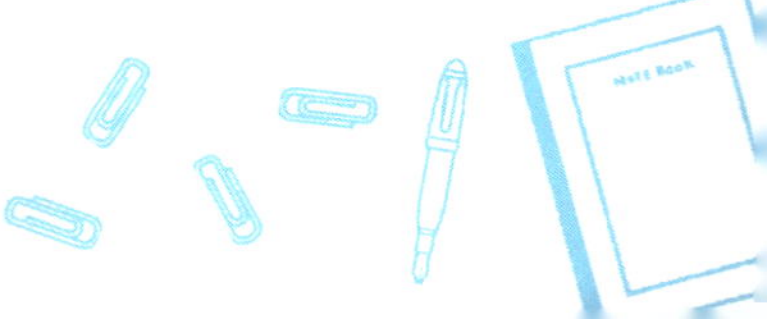

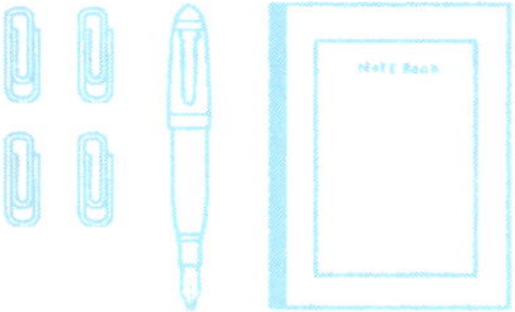

ケーブルの整理［15分］

私はデジタル系のモノを買うのが好きなので、どうしてもケーブルも溜まってしまいます。ＵＳＢとかＨＤＭＩとか電源ケーブルとか、同じようなケーブルが重複して存在したりして、結構面倒くさいことになります。肝心なときにないということが起こりがちです。

ケーブルの保管は、紙袋と輪ゴム、チャック付きのビニール袋です。

①ケーブルを全部を紙袋に突っ込む
②輪ゴムとチャック付きのビニール袋（サイズの違うもの）を買う
③暇なときにケーブルを巻き取り、輪ゴムで止める
④同じ種類、同じセットをチャック付きビニール袋に入れる

まず①だけやれば、いったんケーブル問題は解決します。その紙袋を探せばケーブ

ルが見つかるはずですよね。で、暇なときに、ケーブルを巻き取って輪ゴムで留めて、それをチャック付きのビニール袋に入れます。ビニール袋に入れておけばコードとコードがこんがらがることがありません。マイクロＵＳＢとかミニＵＳＢのように同じケーブルはまとめます。

また、ハードディスクのように電源ケーブルとデータ用のケーブルがセットの場合は一緒に入れておきます。ビニール袋をサイズ違いで買っておけば、どんなものでも対応できるはずですし、透明なので外から簡単に見えるので取り出すときも楽です。ビニール袋は１００円ショップのモノで充分です。忘れっぽい人はビニール袋に油性ペンで、【ハードディスク用】といったようにメモ書きしておけば安心かもしれません。

輪ゴムは天然ゴムの輪ゴムではなく、シリコンかポリウレタン素材の輪ゴムを買ってください。天然ゴムより少し高いですが、劣化によってコードにへばり付いたりしないので、コード保管には必須アイテムです。もちろん、天然ゴムでも整理はできますが、あとでカピカピになっていたり、輪ゴムがちぎれていたりすると、余計に面倒くさい手間が増えるので、合成ゴム素材がオススメなのです。

輪ゴムではなくて、ビニールタイ（元々ケーブルをまとめてある針金のようなもの）でも構いません。ただ、ビニールタイはツケ外しでネジネジしなければならず時間がかかるので、私はパッとできる輪ゴムにしています。まとまっていればビニール袋には入れておけますので、どちらでも同じです。

USBケーブルがまとまっていると、さすがに5本以上は要らないかな、などと追加のケーブルが増えたときに捨てる判断をするのも簡単です。もしもに備えて捨てられないわけですが、数本あれば何とかなるはずですよね。

ケーブル問題でもうひとつは、アクティブなケーブルの整理問題があります。いま使っているケーブルをどう整理をするかという問題です。その整理アイテムとして便利なのが、マグネットバンドです。私はリヒトラブのプニラボシリーズが可愛いので気に入っています。ケーブルの先端をシリコンバンドで留めて、その先にマグネットの付いた動物が付いています。これをデスクの金属部分に取り付けておくと、使っていないケーブルのホームポジションが定まります。自作してもOKです。シリコンゴムに金属のクリップを付けて、ホームポジションには磁石を置いておけば同じようなドックはできるでしょう。ケーブルの余りの部分が気になったら、輪ゴムかビニールタイでまとめておけば、すっきりします。

鞄の整理［30分］

自宅とオフィスの往復に使う鞄について、ここでは語りたいと思います。オフィスでは、基本的に通勤時に持ってきた鞄のみですから、ひとつです。ですが、自宅における鞄はＴＰＯや服装に合わせようとすると、数が増えてきますので整理が必要です。紙袋と違い、鞄は破れることもそうそうありませんから、棄てるきっかけが難しい。ですから増える一方です。なので、１００円ショップ製品で垂直収納するのがオススメです。柱と柱を繋いでいる横木（長押《なげし》）が部屋にある場合は、ラッキーです。長押フックもしくは鴨居フックを買ってきてがっちり留めます。それに対して、ロープと大きめのＳ字フックを組み合わせて吊り下げるのです。ピンの付いたフックを使っても長押の上に穴が空くだけですから、傷も穴も外からは分かりません。

重ねる幅をどれくらいにするのかにもよりますが、鞄５つくらいはひとつのレーンに吊り下げられると思います。鞄自体は1キロ前後だと思うので、耐荷重的にも問題ありませんし、元々鞄は手で提げるものなので、Ｓ字フックにかけることができますよね。中身を入れていなければ、それほど重くありませんし。

中身の入れっぱなしは厳禁ですよ。手提げ部分を気にする方はハンカチなどの布を手提げ部分に巻いてS字フックにかければ、手提げ部分を守ることもできます。ホコリが入るのが嫌いな方、日焼けが気になる方は、鞄を紙袋に入れた状態でS字フックにかければOK。その場合は、中身の鞄が見えづらいので、購入したときの紙袋のように外から中身が簡単に分かるように工夫する必要がありますが、そんなに大変なことではないでしょう。

結論、鞄はちょっと工夫して吊す。これが一番場所をとらないはずです。

本題は、鞄の中身なので、次にいきますね。

鞄の中身の整理［30分］

鞄の中身は、整理が必要です。毎日全部出すが基本です。全部出して100円ショップで売っているようなトレイに広げればOKです。前夜か当日の朝、スケジュールを確認しながら必要なものをトレイの中に追加します。例えば、これから大分に出張なので、着替えやパソコンなどを持って行きます。普段、私はパソコンを持参しませんが、今回は仕事と仕事の合間に時間が空きそうなスケジュールでしたから、隙間時間に執筆するつもりです。それで、ノートパソコンを持参することにしました。

今回の出張ではパソコンが重いので、荷物を軽くするため iPad mini に入った電子書籍を飛行機の中で読む予定です。書籍は入れません。バス移動中は映画を観ようとノイズキャンセル機能付きのソニーのヘッドホンを入れました。原則、すべて一度出す。忙しければそのまま戻してもいいですが、一旦出すと「これは使わなかった」「こういう道具があると便利かも」と工夫します。スケジュールや仕事によって、鞄の中に入れるべきものが変わります。出入れを繰り返すことで、鞄の中も整理されます。

出張鞄の中の整理［15分］

出張鞄やスーツケースで持って行くモノの整理術です。すぐに取りかからないで、15分くらい面倒くさいのをやってみようかなという時間を作れそうならどうぞ。

まず、スケジュールの書かれた手帳や「Google《グーグル》 Calender《カレンダー》」を見ながら、必要なモノをメモに書き出していくのです。そうすると、「あれがない」「これがない」という失敗がなくなります。メモの書き出しをやらないでも何とかなりますが、最初は面倒くさいですが、２度目の出張からはかなり楽になるので、オススメです。

具体的な事例で説明しましょう。私は、このあと金沢と富山で講演の予定があります。前日入りして、北陸新幹線で途中下車して、真田丸に登場した岩櫃城《いわびつじょう》とか群馬のお城に行こうと計画していました。

自宅から出張に出かけるとすると、自宅を出て駅に行くことをイメージして、

・鍵／財布／交通系ＩＣカード／新幹線切符

駅から電車、新幹線に乗ったときにすることをイメージして、

・読書用の本／スマホの充電キット／アイマスクとマスク（寝るためです）

群馬でお城をまわるときをイメージして、

・タオル／ペットボトル（現地で買えばいいとすると）／財布／『続日本100名城スタンプラリー』のスタンプ帳

というように、移動して、そこで実行することをシミュレーションしながら、事細かに順番に書き出していくのです。

金沢でホテルにチェックインするから、

・ホテルの会員証

駅前のホテルでなければ、タクシーで移動するから、

・小銭／千円札

が必要というように書き出していくのです。「ホテルの部屋に着いたら何をする？」のように、そこでの行動に必要なものを列挙していくのです。このリストが出来上がると、それをスーツケースや鞄の横に並べておいて、パッキングするのです。最初からパッキングしてしまうと、中に入れたものが分からなくなってしまい、綺麗に整理して入れたつもりが、入れたのか入れていないのかが分からなくなってしまうミスが発生しやすくなります。

この書き出す作業すら面倒くさい人は、「出張　荷物　リスト」のように検索すれば、他人がネットで公開しているチェックリストがありますから、それを元に、自分の仕事や価値観でアイテムの追記や削除をしていけばいいでしょう。

私も世界一周を紙袋でしようと決めたときは、ほかの人の海外出張用のリストを参考にして作りました。海外に行き慣れているわけでなく、イメージがはっきりしなかったので、先人の知恵を拝借して考えることにしました。また、紙袋で世界一周を今度はＪＡＬ系のワンワールドで行うつもりですが、それは過去に作成した持ち物リストをベースに考えることになります。このリストに整理しておけば、今回の出張だけでなく、もし次があったときに、この整理されたリストが役に立つのです。

荷物の整理は、今回だけでなく、次の出張の整理もこの持ち物チェックリストの紙1枚があることで楽になるのです。ちなみに、このチェックリストの紙もEvernoteに入れて保管していますので、必要なときだけ取り出すようにしています。

サイフの整理［30分］

鞄に続いて、サイフの中の整理です。サイフの中の整理も毎朝行うようになりました。現金からカードの類まで、全部一度取り出します。レシートも同じです。レシートは、このタイミングにスキャナでデジタル化してしまいます。レシートについては第4章で詳しく書きますが、ルーティン作業は1分もかかりません。

長財布にしてから、すべて一定枚数だけの新札を入れるようにしました。引き出しの中に入っている古いサイフから新札を取り出し、常に新札だけが決められた金額になるようにしました。こうすることで、サイフの中にいくら入っているのかを確認するのが簡単になりました。新札を使うのがもったいないと思うので、無駄な出費は減ります（苦笑）。銀行のATMで1000円と1万円の新札は出せる端末があるので、先に引き出してから自宅の財布にストックしておき補充します。つまり、自宅ATMで引き出すので、手数料は0円です。

その日に現金で使った分だけがマイナスなので、どのくらい使ったのかは一目瞭然です。サイフの中身を出すようになって、使ったモノの把握がしやすくなりました。

　クレジットカードやポイントカードも実際に必要なモノだけを入れるので、サイフ自体がスッキリしました。これは少し考えなければなりませんが、例えば、「今日は出張だから、ANAのカードとJALのカードが必要です」「往復で違う航空会社を使うので2枚必要です」「ホテルは西鉄系列に泊まるので、ホテルカードを入れました」というように、少なくともこの3枚だけあれば、ほかは使わないから持参する必要がないのです。

　出張関係で使うカードは、カードホルダーに入れておくと便利です。カードの枚数にもよりますが、カードホルダーのオススメは2つ。プラスのtotoco《トトコ》か、リヒトラブのポイントカードホルダーです。totocoは、割引券のようにたまにもらうモノを外側の臨時ホルダーに置いておくことができます。宿泊割引券や株主優待券のような出張時に使うモノはそこに入れておきます。ポイントカードホルダーは、アコーディオンのように開くのでカードが一覧できます。抜き差しも便利なので、病院の診察券を入れるのに使っています。病院の診察券は病気のときくらいしか必要ないので、普段はサイフには入れません。

持ち歩きのモバイルグッズの整理［15分］

持ち歩きのモバイルグッズが結構鞄の中でぐちゃぐちゃになります。バッテリー、モバイルルーター、それに接続するケーブル、アダプターなどなど……。実際に、必要になったときに見つからないと、コンビニでまた買ってしまったりと。

整理していないと、朝出かけるときにどれを持ったか分からなくなり、現場でないと困ります。ですが、鞄に入れっぱなしだとバッテリー切れで使い物にならなくなったりすることもあるでしょう。

モバイル機器をどこかに忘れる、「どこに行った？」と探すことが多い人は、そのまま100円ショップに行ってください。持ち歩きのモバイル機器はすべてひとつの袋に入れて整理するのが定法です。鞄の中に入れてまとめて同じものを使うのです。普段使っているモバイル機器を全部を持って100円ショップに行き、自分のモバイル機器をすべて納めることができるジッパー付きの袋を購入してください。基本的には持ち歩いているものをすべてひとつに入れておけば失くさないし、分かりやすいからです。結果的に２つ～３つに分けてしまうと、どちらかを忘れる、どちらかを持っていくのようなことが発生しますから、全部を持って１００円ショップにＧＯなのです。

次に、自宅やオフィスの充電スポットの整備です。家電量販店もしくはネットショップからタコ足でいくつものＵＳＢを充電できる充電器を購入しましょう。モバイル機器すべてを同じ場所で全部いっぺんに充電できるように。バラバラに何度も充電しなければならないと面倒くさいので、どれかを忘れてしまうことになります。同時に充電することができると面倒くささが半減します。そして、モバイル機器を袋から出したその袋はその充電ドックのそばに置いておくこと。一晩経てば充電ボックスからコードを取り出して、袋に詰めるだけ。もしくは、オフィスを出るときに袋に詰めるだけ。

面倒くさい人は、充電用のコードと持ち歩くコードも分けておくほうが得策です。持ち歩き専用のコードにしておくと、コードがないトラブルから解放されます。私は面倒くさがりなので、講演でプレゼンするためのツールをセットにして、チャック付きのビニール袋に入れています。プロジェクターにつなぐコネクタなど、プレゼンに必要なケーブルだけが入っています。中身が見える袋のほうがオススメです。透明か、中身が透けて見えるメッシュの袋だと面倒くささが半減します。袋を開けなくても何が入っているのかが、見えますから。

幼少期の私は、ペンなど必要な文房具が全部一体になって入っている筆箱を使っていたので、忘れ物は少なかったはずです。自宅に帰って筆箱の中味を出して使っては戻すのを忘れてしまい、赤ペンがないなどのトラブルが発生していました。モバイル機器は外で使うことが前提だとすると、筆箱のように専用の入れ物で整理します。ただ、充電するために出入れが必要なので、受け側の場所も決めておくことが面倒くさくない整理の方法です。場所毎に充電する機器を買うことになるので、一見無駄な気がしますが、電池が切れてコンビニでとりあえずのモバイルバッテリーを買うことを思えば、最初からちゃんと揃えておいても同じことになるでしょう。

第4章
日常業務の整理編

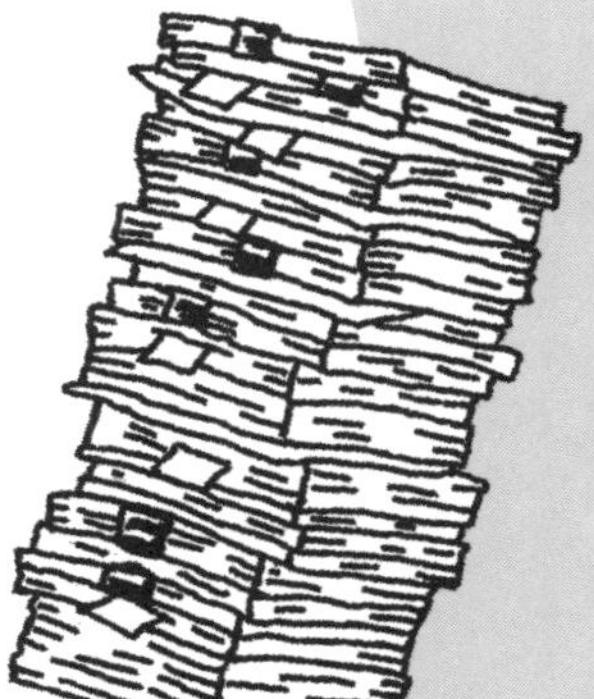

名刺の整理［15分］

名刺整理は色々と試行錯誤してきましたが、決定版のツールがEightです。名刺をスマホで撮るだけで、会社名や所属、氏名、住所、連絡先などを入力代行してくれます。それも無料。神サービスです。

ただ、私自身、無料サービスには何か裏があると疑心暗鬼でビジネスモデルを探る習性がありまして、Eightの場合も調べてみました。Eightは、Sansan《サンサン》という法人向けの月額課金のサービスを主体としてやっている会社の個人向けのサービスです。この法人向けも同様なのですが、このビジネスモデルが秀逸です。

従来、会社の仕事で、名刺交換した人のリストは営業マンが個人データとして持っていたことが多かったと思います。そうすると、営業マンが会社を辞めたときに引き継ぎが大変です。名刺がちゃんと管理されている人であればいいのですが、そうでない人が名刺フォルダーを持って行ってしまえば、営業先の情報は会社に残りません。Sansanのシステムであれば、名刺情報は会社で共有できますから、引き継ぐ場合も簡単です。で、月額の課金制なので、収益が安定するわけです。

また、人力で作業もできますが、仕事が発生するのは誰かが名刺をテキスト化してとお願いしたときだけですから、仕事量が平準化しません。同じ仕組みを個人向けに無料で公開することで、仕事が少ないときにその作業をすることができるような仕組みを作っているのです。ですから、無料の個人プランだとデータ化する時間はSansanの中の人が空いている時間に処理するので、データ化されて帰ってくる時間はまちまちです。実感としては、特に問題のない範囲の時間内に、いつのまにかデータ化されています。

さて、手順です。自分の名刺を手元に用意して15分あればOK。

①Eight のアプリをダウンロードする
②自分の名刺などの情報を登録する
③ユーザー登録が済んだら手元の誰か他の人の名刺を1枚おいて Eight で写真撮影してください

①②までに15分くらいかかるかと思いますが、自分の情報は最低限でも大丈夫です。

とりあえずサクッと始めましょう。あとからでも自分情報は、追加修正できますから。で、登録が済むと写真を撮るだけなので、楽ちんです。私の場合は、名刺交換した人が数名であれば、出張先のホテルや立ち寄ったカフェなどで撮影してしまいます。そのあとは、名刺は裁断して廃棄しています。名刺で必要なのは連絡先の情報で、紙ではありませんからね。

どうしてもこの名刺は残しておきたいというような面白い名刺や、持っているだけで御利益がありそうな名刺は、記念用の名刺フォルダーに入れています。達筆な武田早雲さんの名刺やデザインバーコード社のマッチ箱が作れる名刺などは保存していきます。何かあったときに眺めるためだけなので、実際には名刺のデータ活用はすべてEightです。

過去の名刺を入れるのが面倒という人は、Eightに送れば有料でデータ化してくれるプランがあります。たまに無料キャンペーンがあるので、いま保管しているものをどうにかしたい場合は無料で地道に自分でやるか、頼んで楽ちんにデータ化するかです。ちなみに調べたところ、現在500枚で3000円というプランがありました。

通常は、名刺交換のあとに③だけをやることが日課となりました。で、撮影したら捨ててしまう。そして、連絡が必要な人の場合は、簡単にメッセージを付けてメールします。Eight のアプリから簡単にできます。

名刺の情報、つまりは人脈を活かすためにはコミュニケーションをする必要があり、これが肝心です。名刺のデータだけ集めて整理しても何の情報にもなりません。会ったときの情報とか聞きたいこととか簡単でもいいので、添えてメールを送っておけば、名刺という情報が活きると思います。名刺の情報を入力するためにかかっていた時間をそちらに振り分けることができれば、より価値の高い仕事になりますよね。

ノートの整理【3分】

私はビジネス書のデビュー作がノート術だったということもあり、ノートの整理についてもよく聞かれます。ノートの中身の整理は、社会人ではとくに必要ありません。学生時代は試験のために、ノートの中身を整理することで頭を整理していたのです。学習したことを覚えなければなりませんでしたから。

社会人は、忘れてしまわないためノートに記録しています。ですから、大事なことは、見直す必要のあるページだけに付箋を貼っておくことです。やらなければならないことが書かれたページには、必ずその場で付箋を貼ります。で、終わるとその付箋は取り去ります。ですから、付箋が飛び出しているページだけを見直せば良いわけです。ノートに書いたそのときに整理しているわけです。

ただ、このフローをスムーズに実行しようとすると、ノートを使う場所で必ず付箋があるとは限りませんので、ノート表紙の裏に付箋をあらかじめ何枚か貼っておきましょう。カンミ堂のココフセンのような貼付け専用のフィルム付箋も売っていますが、普通紙の付箋を何枚か重ねた状態でノートの表紙裏に貼っておけば十分です。ですから、今回の面倒くさい時間は3分です。

この付箋を表紙裏に貼っていないと、付箋を貼ろうと思ったあとで付箋を探す時間が無駄になります。この作業をしているだけで楽になり、効果大です。

付箋のページを見返すと、少し前に書いたページに追記したりします。また、仕事が進行したりすると、その進捗や思いついたことなどをあとから書いたりします。学生時代のノートの使い方とは違ってきますが、あとから書いたことが分かるように色やペンの種類を変えたりして、なんとなく分かるようにしています。こういう記録から、タスクを整理して、最終的にマニュアルに落とすというような、整理のフローのベースになるわけです。

レシートの整理［30分］

レシートの整理……大変です。家計簿は、面倒くさい。会社の経理も税理士さんに任せっきりですが、実は最近、家計簿っぽいものをつけ始めました。スキャナーとスマホで撮るだけで済んじゃいますから、私でもできるようになりました。家計簿にかかっている時間は、毎日1分くらいです。前にご説明した財布の整理のついでに、やっているだけです。Dr.WalletというＷＥＢサービスとアプリを連動させておけば楽ちんです。ただ、最初はもろもろありますから、「30分くらいの時間はあるよ」という方は、この機会にレシート整理をどうぞ。

①Dr.Walletをパソコンで検索して、ユーザー登録します
②スマホアプリをインストールします
③手元のレシート2～3枚をスマホアプリで撮影します

30分くらいあれば、ここまでできるかと思います。あとは、③を繰り返すだけ。なので、1分くらいなのです。恐るべしなのは、手書きの領収書をしっかりとテキスト化してくれることです。人の目で見て、入力しているからできることだったりします。それなのに、毎月100枚分の入力が無料です。1日3枚くらいのレシートを使っているのであれば、無料で使えるのです。

100枚を超えるようであれば、追加でチケットを購入すればテキスト化してくれますが、それを超えるようであれば節約しようかなという気も起こります。もちろん、自分でポチポチ入力すれば無料ですが、それができないからレシート整理に困っていたわけです。ですから、便利なものは頼んでしまえば良いのです。無料プランだと広告が表示されますが、広告費で家計簿作業が楽になっていると思えば、広告も可愛いものです。

順調に登録できるようになってきて、時間に余裕が出てくれば、クレジットカードで決済しているものはクレジットカードの登録をしておけば、自動的にネットの明細から追加してくれます。これは色々な家計簿や帳簿サービスについている機能ですが、クレジットカードの明細から自動追加は毎月の読み取りレシート数にカウントされないので、カード払いと併用しているとレシート１００枚で事足りることも多くなってくるはずです。

レシート整理の良さは、今月どのくらい使っているのかというのが自動的に計算され、アプリやＷＥＢで確認できますから、使いすぎなどを防ぐことができます。項目分けも自動です。店舗名などから推測して、衣服費、娯楽費、食費、光熱費などに分類してくれます。たまに間違えることもありますが、気になるならば、自分で修正することもできます。私は、ざっくりと把握できれば良いと考えているので、ほとんど修正などはやりませんが。

税理士さんに経理処理を頼んでいるのに、なぜDr.Walletを使っているのかと言うと、検索ができるからなのです。レシートをテキスト化してくれているおかげで、アプリから「ユニクロ」や「吉野屋」と検索すると、ユニクロで買ったモノの明細、そしてレシートが表示されます。ですから、もし返品などをしなければならない場合のお店の連絡先もすぐに分かります。

また、美味しかったケーキ屋さんの住所もレシートから探すことができます。私は月額６００円の有料プランに入っているのですが、有料プランだとレシートの中の個別の明細まで入力してくれます。例えば、吉野屋で牛丼アタマの大盛を４８０円で、定期券の割引80円、株主優待券４００円で支払ったことまでレシート通りに入力してくれています。コンビニで買った商品もレシート通り個別に入力してくれるのです。ですので、有料プランの場合は、商品名でも検索できるようになるのです。

ちなみに、私はScanSnapの上にレシートを置いてボタンを押すだけです。あらかじめレシートはDr.Walletと設定しておけば、自動的にレシートを認識してDr.Walletに送ってくれます。30秒もかかりません。ScanSnapと組み合わせると便利です。

旅費精算の整理［30秒］

旅費精算の書類を作るのは、面倒くさい。何が面倒くさいって、交通系ＩＣで切符を買ったり、指定券を買ったり、バスに乗ったりと色々なルートで移動したものを書類にまとめなければ、経費が処理されませんよね。

これも、スマホのおかげで便利になりました。ヤフーの乗換案内アプリを使えば、無料ですし、バスなどの情報も入っていますので、バス停の名前が分かっていればバスの時間すら検索できるようになりました。

ここで、旅費精算の面倒くさいをなくすために、実践して欲しいのは30秒です。移動経路を検索したあと、即座に結果をスケジュールに登録するか、自分宛にメールをしておくのです。私は検索した結果をスケジュールに登録しています。

移動経路の検索結果をカレンダーに送っておけば、予定としてカレンダーに登録されます。カレンダーの予定には時間だけではなく、旅費の金額も入っていることがポ

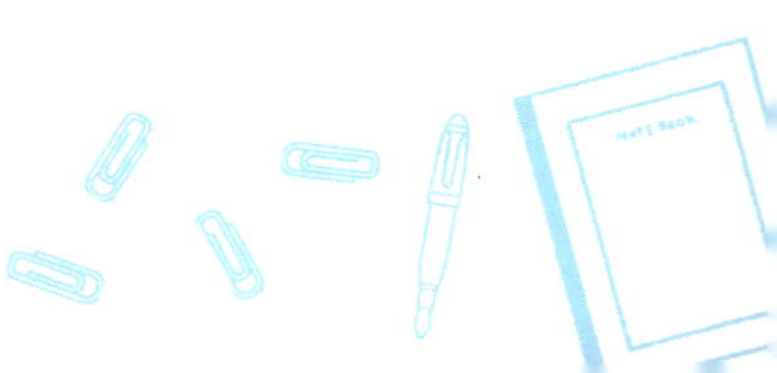

イントです。このカレンダーを見ながら旅費精算をすれば楽ちんです。経路も金額も入っているわけですから。これをやっていない場合だと、オフィスに戻って、あれいくらだっけとか、駅の名前が分からなかったりして、もう一度検索する羽目になります。

予定に登録しておけば、その予定を開けば明細の金額も入っていますから、コピペをすれば旅費精算は終わります。

みなさんも乗換案内アプリで、移動中に検索して電車の時間などを確認していると思います。そのときに移動した検索結果をスケジュール登録か、メールで送っておくだけで二度手間が減るのです。

もし、検索結果を送るのを忘れてしまった場合は、タイムラインで移動などの経路を出すと思い出しやすくなりますよ。

チラシの整理［10分］

チラシの場合は、ちょっと面倒くさいです。サイズの大きなものだったり、見開きだったりしますので、ドキュメントスキャナに入りません。こういうサイズの大きいチラシは、Evernote のアプリを使います。スマホで Evernote のアプリを起動し、スマホのカメラで撮影すれば、そのまま Evernote 内に保存されます。

ＰＤＦではなくｊｐｇファイルになってしまいますが、Evernote はｊｐｇファイル内の文字もある程度は読んでくれます。スマホのカメラ機能ならば、新聞サイズくらいでも1枚に収めることもできますし、分割して撮影して読みやすくすることも可能です。トリミングという余計な部分をカットする機能もありますから、元の紙のチラシを持っておく必要がなくなります。私の場合は、この取り込みが終了した時点で廃棄です。

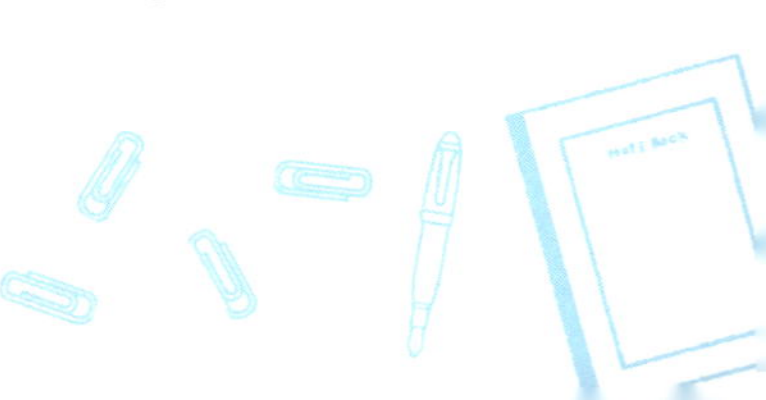

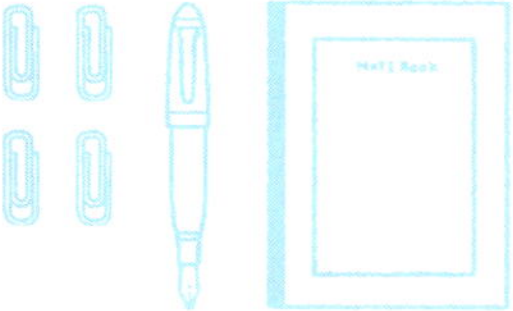

ただ私の場合、新しい商品や面白い商品を考えるのが仕事なので、これは記念に取っておきたいというような面白い形状や企画のモノ、レアなものだけは、保管用のファイルに入れてありますが、デジタルでも保管したあとなので、スペースが一杯になったりすれば躊躇なく棄てられますし、見たいときは、どこからでもその Evernote の写真を見ることができるようにしています。

紙の書類はすべて Evernote という場所ひとつに整理する、という基本ルールにしているのです。

書類（データ）の整理【60分】

紙の書類もパソコン上、デジタル上で整理してしまうと、あとには戻れないくらい楽になります。最初はちょっと面倒ですが、そのあとからは快感ですらあります。

必須アイテムとツールがScanSnapとEvernoteです。

最初の設定は1時間もあれば大丈夫だと思います。そのあとからの毎日のルーティンワークは5分程度です。最初はちょっと面倒くさいけど、がんばってください。

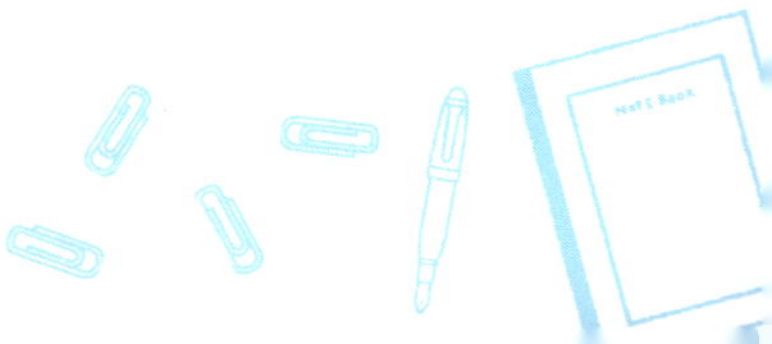

Evernoteで書類はデータ化して紙の資料は一切なくしました。Evernoteは、プレミアムプラン６００円（月額）に入っていますが、最初は無料プランから始めても良いでしょう。無料プランだと毎月60ＭＢの容量まで入れることができます。で、有料のプレミアムプランだと10ＧＢです。毎月10ＧＢがあれば入らない書類はほとんどありません。

次に、ドキュメントスキャナが必須アイテムです。色々試した結果、ScanSnapiX1500がベストです。ドキュメントスキャナがあれば、紙の書類をどこからでも取り出せて、紙の書類から解放される快適な生活が訪れます。

具体的に書類がどんな様子で溜まっているのかを棚に積み上げていったことがあります。定規の代わりにマスキングテープを積み上げていったのですが、たった3日で紙の書類はマスキングテープ6個分12cmにもなりました。展示会などがあるとカタログなどももらったりするので、そうするとひとつカタログがあるだけで数センチです。7日目で9個18cmの紙が溜まっていました。

必要な書類と必要でない書類があるかと思いますが、ちょっとでも必要だと思うと捨てづらいので、溜まるわけです。これが溜まると結果として欲しい書類が探し出せないという問題が発生するわけです。簡単に印刷できる世の中だからこそ、受け取る書類も増えてしまい、それに応じた対策が必要なのです。

ドキュメントスキャナさえあれば簡単です。すべてホッチキス留めしてある書類などは、その部分を三角に切り落として、ドキュメントスキャナにセットして読み込みボタンを押すだけです。データは、OCRと呼ばれるPDF中の文字をテキスト化する技術で検索可能な書類となります。例えば、この本の企画書は、

「20180913_美崎栄一郎先生書籍企画案.pdf」

というように、担当編集者の作った書類の冒頭の文字が自動的にタイトルになっています。読み取った日付を同時に付けるような設定にしているので、冒頭の2018年9月13日にデジタル化したことも分かります。

基本は、デスクに戻ったら紙の書類はすべてドキュメントスキャナの横に置いて、どんどんスキャンしてしまい、終わった瞬間に廃棄するというフローです。機密があるものはシュレッダーで、機密のないものは古紙回収です。両方ともドキュメントスキャナのそばにあり、書類が滞留することがないフローにしています。

ScanSnapは自動的に書類をEvernoteに送ってくれます。ですから、Evernoteで検索すれば、欲しい書類に簡単に辿り着けます。紙の書類を処理してしまえば、物理的なスペースはすっきりします。

郵便物・手紙の整理［10分］

ダイレクトメールやお手紙は、毎日のように送られてきます。良い情報が載ってそうな気もするものがあると、何となく捨てられない。

ダイレクトメールのようなものはほとんど見ないでポイと捨てたりします。気になるものもありますが、紙のまま保存しておくと結果として紙だらけになってしまいがちです。

このために決めた整理のルールが、その場でちょっとでも気になるのであれば、念のためドキュメントスキャナでＰＤＦ化するか、スマホで写真を撮って捨ててしまうことにしています。前述した書類やチラシと同じです。

ハガキや封筒で送られてくるお便りも同じです。同じようにすべてデータにしてしまいます。大事なのは情報で、紙ではないはずですからね。もちろん、手書きなどで残しておきたいものがあれば、お手紙ボックスのようなものを作って入れておいても良いのですが。その場合は、すぐに入れることができる場所に置いておかないと、中途半端なお便りが増える一方なので、気をつけてください。小さめの箱を近くに置いておいて、それが満杯になったら、押し入れの奥の大きな箱に移動するようなお約束のルールを作るのが整理を面倒にしないコツです。

郵便物に目を通す→ちょっとでも気になる→とりあえずＰＤＦに→あとで本当に読むかは分からない（苦笑）。

これが私のルールです。おかげで、紙の書類はなくなる。必要ならば検索して見つけることもできます。

データ化するための必須アイテムが、ドキュメントスキャナです。

ドキュメントスキャナは色々ありますが、富士通 ScanSnapiX1500 一択です。繰り返しますが、これが一番オススメです。旧機種 iX500 の中古品で2万５０００円、新機種 iX1500 が新品で4万７０００円くらいですが、新品でも中古でも大丈夫だと思います。私の場合、５年以上ほぼ毎日使っていますが、まったく問題がありません。

①ドキュメントスキャナを購入する

②Evernoteを登録する

Evernoteはデジタルデータを1枚のノートにして溜めておくことができる、万能のクラウドツールです。

チラシのようなものはホッチキスのようなもので綴じられている場合は、その部分をハサミでサクッと切り落として、バラバラにしてスキャニングします。糊で綴じられている書籍のような体裁の書類だと裁断機を使います。裁断する書類が多い人は、プラスのハンブンコという裁断機がオススメです。コンパクトかつ手を切る心配がない安心構造をしています。

紙の書類は、ドキュメントスキャナで全部Evernoteへぶっ込んでしまう、これが一番面倒くさくなく、楽な整理の仕方です。

繰り返し何度もお伝えしましたが、紙の書類から解放されたら、相当快適になりますよ。

ストックを持たない仕組み作り［10分］

消耗品のストックを持ち始めると、余計な在庫スペースが必要となり、結果として効率が悪くなります。ですから、在庫とするならば必要最小限だけに留めたいところです。例えば、インクジェットプリンターのインクは、在庫は1本だけ用意しています。なくなったときにストックから取り出して入れ替えます。で、このあと、すぐに消耗品の一覧が書かれているメモ帳アプリを起動します。私は「Simplenote《シンプルノート》」というクラウド上でデータを管理するメモアプリを使っています。

コピー用紙　A4　500枚
Yodobashi　https://goo.gl/DjHa5Q
＃インクジェットプリンターインク
BCI-351　BCI-350
Amazon　https://goo.gl/J6NqYN

Yodobashi　https://goo.gl/Thq2oT
バラ購入
BCI-351XLGY［インクタンク　グレー］https://goo.gl/qZHVf0
BCI-350XLPGBK［インクタンク　ブラック］https://goo.gl/MyVs1T

のように、URL付きで通販サイトの商品ページも貼り付けています。このページを開いて必要なモノをポチッと押しておけば、数日で補充されます。消耗品の購入は店舗だと意外と大変だからです。間違わないように型式を控えて、大量にあるインクの山から自分の欲しいインクを探し当てるのは結構な時間がかかります。もちろん、店舗に行く時間も必要です。ほかに欲しいモノがないのに店舗に行くと、余計な買い物をしてしまう恐れもあります（苦笑）。消耗品の場合は、型式を打ち込めばネットならば確実です。で、次に買うときはその型式すら打ち込まなくて済むように、メモ帳にURL付きですぐに買えるようにしておくのです。

　フリクションボールの替え芯なども登録しています。最近だとコンビニでも買えるようになりましたが、お気に入りのペンの替え芯は、この方法で登録しておくと間違えませんし便利です。ペンの場合は、なくなってから注文しても問題ないです。ペンは代わりになるものがたくさんありますから。プリンターはインクがなくなったら。代わりになるプリンターはないですから。それほど印刷をしない人であれば、コンビニで印刷で用が足りるかもしれません。私の場合は、本や雑誌の連載のゲラを確認するときに紙でチェックするので、プリンターが必須なのですが。

文具の通販はアマゾンよりヨドバシカメラのほうがリーズナブルでオススメです。ペン1本から送料無料で配達してくれます。さすがにそれでは申し訳ないので、消耗品を買うときに、消耗品メモの中（分野ごとに分かれています）で在庫が切れそうなものをいくつか合わせて買っておきます。ジェットストリーム、ポストイット、マウスケア、掃除系消耗品、充電池などです。電化製品は電池が切れるたびに、電池から充電池に替えています。電池は棄てるのが面倒ですし、エコではありませんから、在庫を増やさない程度に機会あるたびに購入して入れ替えています。電池の場合は切れるのが急ですが、充電池であれば、買いに行かなくても充電できますから無駄も手間もありません。

ヨドバシカメラはアマゾンに家電のネット通販市場も奪われているので、逆に小物も含めて、使用機会を増やそうと企業努力しているようです。便利なサービスとして継続して欲しいところですね。

整理継続のためのバッファー［10分］

整理を継続するコツは、追加アイテムが入ることを見越して、バッファー（緩衝・余裕）を置くことです。バッファーがない整理は必ず破綻します。断言できます。

本の整理のときにも説明しましたが、大事なことなので詳しく解説しましょう。本棚では、ファイルボックス分の、余分に入れないバッファーがあるからこそ、本の整理が続けられるのです。本棚全部に本をきちんと並べてしまうと、その瞬間は本棚に整然と本が並んでいい感じに見えます。ですが、もう一冊本を買ってきた瞬間にオーバーフローで破綻します。そう、一瞬で崩壊するのです。バッファーがなければ。

実際の行動動線を考えてみましょう。新しい本を本棚に入れる瞬間に、他の本を一冊なんとかしようと考えて行動できれば理想ですが、私が色々やってみた経験から言うと、新しい本を買ってきた気持ちの上がった状態で、他の本を処理しようとするのは、脳の違う部分を使うので結構面倒くさい。ですから、適当な場所に新しい本を置くということになり、書籍の整理整頓が破綻します。がんばったわりに、あっけない幕切れです。

靴箱でもタンスの中でも書類ボックスでも同じです。頻繁に入ってくるものがあるところは、10%~20%くらいのバッファーを置かなければ、追加アイテムが出た瞬間に破綻していくのです。

ここまで書いたら、バッファーを置こうと思ったでしょう。いま整理している引出しでも、書棚でも、書類ボックスでも何でも構いませんので、10%~20%分の空白を空けるように、何かを減らしてください。10分くらいの時間に限定して、10分以内に終わるように削減してみてください。

最初は面倒くさいのですが、これをやってバッファーの多い場所が増えてくれれば、整理は楽になってくるはずです。

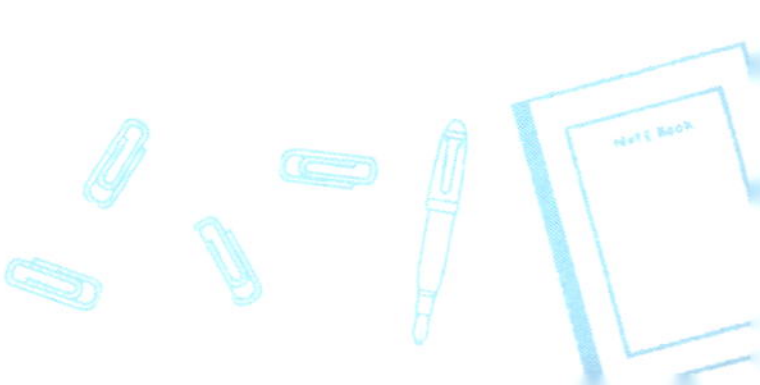

行動の整理［3分］

独立してコンサルタントの仕事をするようになったら、毎日色々な仕事を色々なところですることになりました。先週金沢にいたかと思えば、今週は大分、来月は広島にも中国の青島《チンタオ》にも出張があったりします。行動の整理が必要です。これが、便利になったのですよ。

先日、税理士さんから問い合わせがあり、「このレシート明細は何ですか?」と言われたのですが、まったく読めません。台湾出張時のレシートでした。レシートに書かれている時刻を確認すると、昼前後でした。「あれ、何か食べたっけ?」。

こういうときに私が調べるのは、「Google《グーグル》 Maps《マップ》」です。Google Maps の中にタイムラインという秀逸な機能があるからです。

どういう機能かというと、スマホのGPS情報で自分が動いた場所の履歴が自動的に記録されるのです。A地点に何時から何時までいて、移動して……のような履歴です。おかげで、この時間に台湾の温泉観光地（日本統治下に日本人が開発した温泉地です）の視察に行っていたということが分かり、温泉観光地で使ったレシートだということが分かり、調査費として計上すれば良いことがすぐに分かりました。中国語を読めなくても大丈夫です。

旅行に行っているときや出張に行っているときには、観光地にいつぐらいに行って、ご飯をどこで食べてということが、自分でメモを取らなくても自動的に記録してくれるなんて……最高です。織田信長の時代は従軍する記者が行動記録を書かないと伝記は作れませんでしたが、今はスマホ一台あれば伝記も書けそうです。まぁ、たいしたことをしていない日は動きがなくてつまらないのですが、外出しているときは取引先や話題のお店に寄ったことも記録されているので、自分の曖昧な記憶がこのタイムラインの詳細な記録で蘇ります。

設定は、一瞬です。

①スマホのアプリのGoogle Mapsを開く

②設定でタイムラインをオン、位置情報の通知をオンにする

3分で終わります。便利な世の中になりました。

蛇足ながら、履歴を消したい人は行動履歴を消すことも簡単にできます。あとから追加はできませんが、消すのは簡単です。

予定の整理［60分］

行動の整理は、Google Mapsのタイムライン機能で簡単になりましたが、それを計画する段階には、予定とタスクの整理が必要になります。

これは……面倒くさい。ホント面倒くさい。あまりいい方法がありません。地道にやるほかはありません。大体、毎日60分くらいかかります。

毎日面倒くさい。でも、やらないともっと面倒くさいことが待っていますから、仕方なくやっています（苦笑）。

紙の手帳とGoogle Calenderを併用して整理していきます。紙の手帳は、『美崎栄一郎の「結果を出す人」のビジネス手帳』（永岡書店）を使ってくれたら嬉しいですが、正直なところ、どんな手帳でも構いません（苦笑）。ホントに正直な本でしょう。著者自ら自分の監修する手帳を勧めないなんて……。みなさん自身の使い勝手のいい紙の手帳をご用意ください。紙の手帳を勧める理由は、予定を一覧するのが速いからです。

デジタルのGoogle Calenderと併用するので、私はマンスリーしか紙の手帳は使いません。そして、1日にできる仕事量を5つくらいに制限しています。

1時間×5個で5時間ですから、1日にできる仕事の大きな項目はその程度だけあれば十分だとして、私の手帳では5行だけ書けるようにしています。例えば、8月14日の予定では、『Ｍａｃ Ｆａｎ』の連載対談の取材を90分×3本やっています。休憩なしで、これだけで4時間30分です。そのあと、移動して夜は会食が設定されています。これで4コマですから、この予定を見たときに午前中はお休みにしました。5行しか書けませんから、そもそも、あとひとつしか予定を書き込めません。

人と会う仕事、それも話を引き出さないといけない仕事の場合は、脳をフル回転させねばなりませんから、その前は休ませておきたい。ですから、午前中は仕事を入れていません。手帳にも書いていませんでした。

いま、Google Photosで、２０１８年8月14日で日付検索して振り返ると、午前中は映画『センセイ君主』（東宝）を観ていました。竹内涼真さんと浜辺美波さん主演のラブコメですね。良い映画でした。そうそう、思い出しました。このときは『Ｍａｃ Ｆａｎ』編集部のある神保町オフィスに行く途中の日比谷駅近くに、ＴＯＨＯシネマズがあり、対談の仕事に間に合うタイミングで映画が終わるスケジュールだ、と1日の予定を整理しているときに分かったので、急遽、この映画を予定に入れたのでした。

いつ観たのかという記録はたいした問題ではないので、手帳には書いていません。１人でふらっと観ているだけですから、竹内さんや浜辺さんとの約束でもありませんからね。映画は年間１００本観ると決めていまして、その課題達成のために、後ろが透けるフィルム付箋に書いて手帳に貼っています。例えば、10月であれば19日に『億男』（東宝）、26日『オズランド』（ＨＩＧＨ ＢＲＯＷ ＣＩＮＥＭＡ／ファントム・フィルム）、28日『セブンガールズ』（スターダストプロモーション）というように公開日にとりあえず貼っています。

実際に観に行くかどうかは別にして、映画というタスクをカレンダーに落とし込むための整理の工夫です。この付箋があると空き時間をうまく使って映画を観ることができるようになりました。自分で会社をやっているからできることですが、商品開発のコンサルティングを仕事にしているため、映画というヒット商品がどう生まれるのかを把握しておき、そのヒットに連鎖して起こりうるヒットも早く予想したいので、公開日近くに観ようと意識しているのです。

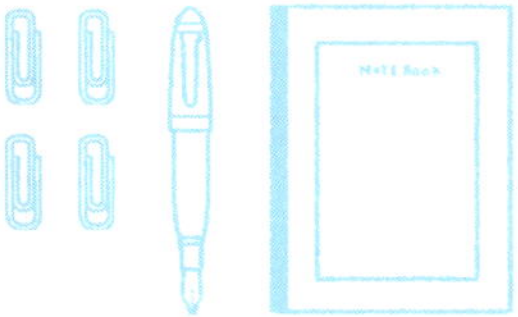

真面目な応用例だと、クライアント先の会議は毎月不定期に開催されるので、貼って剥がせるシールに「会議、○○会社」などと記載して、マンスリーページの欄外に貼っています。貼って剥がせるので、予定が決まれば、それを貼り替えるだけで済みます。また、欄外に居座っているものは予定として確定させないと……という気になりますから、確定していないけれど、その月にやると決まっている予定は貼って剥がせるシールに書いておくとモレがなくなります。貼って剥がせるシールはニチバン社製のマイタックラベルのリムカが様々なサイズがあるのでオススメです。

さて、話を戻します。

この日の本題は、『Ｍａｃ Ｆａｎ』の対談取材でした。ですので、手帳の翌日は終日、執筆日と書いています。前日の取材を翌日に原稿3本書き上げるために時間を確保しています。計画とタスクの整理はカレンダーを俯瞰しながら、時間配分していきます。『Ｍａｃ Ｆａｎ』の取材を3本取りしようと計画したのは、9月と10月に出張が多かったので、連載に穴を空けないように先取りしておこうと思ったからでした。『広報会議』の取材連載も同じように試みたのですが、取材先がうまく決まらず、結果として、その調整作業にものすごく時間を費やしたことを8月の予定を見ながら思い出しました。たくさんの仕事をすればするほど、この計画段階でスムーズに準備段取りしていることが仕事を整理する上での鍵になるのですが、これにはまだまだいい方法がありません。経験的にブラッシュアップしたので、仕事の幅も量もこなせるようになっていますが、この予定とタスクの整理が必須なのです。

この整理をしていないと、結果的に仕事にムラができてとんでもなく忙しくなる、というもっと面倒くさいことになってしまうのです。

タスクの整理［15分］

行動を付箋に書いて手帳に貼っておくというのは、タスクを時間軸で意識して整理するために大事なコツです。

タスクの整理は、ＴｏＤｏリストに書き出すことが一般的でしょう。でも、ＴｏＤｏリストだけで整理してはいけません。ＴｏＤｏリストの問題点は、具体的に書くと分かります。

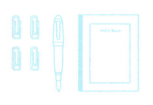

①『面倒くさがりやの超整理術』の原稿を書く
②台風のため、宮崎行きの飛行機を電話でキャンセルする
③台湾でのパーソナルブランディングの勉強会の告知ページを作る
④業界新聞『新文化』を読む

適当に思いついた、４つの気になったことが書き出してあります。ＴｏＤｏリストというのはこういうものなので、ＴｏＤｏリスト自体はこの記載で問題ないのですが、タスクとして処理するためには注意が必要です。

時間の概念が抜けるからです。

③は15分くらいあればできるタスクです。④も15分でできるタスクです。実際には、全部を読もうとすると15分以上かかるかもしれませんが、15分で読むと決めて挑んでいます。ですから、15分になった時点で必要なページを写真に撮って、新聞は廃棄します。

②は電話をかければ5分で終わりますが、実際には台風の影響がすさまじく、電話は40分間繋がりませんでしたのであきらめました。他の作業をしていたので時間は無駄になっていませんが、電話代は無駄になりました（苦笑）。本来は確認したいことがあったのですが、仕方がないので、インターネットでのキャンセル手続きに変更することにしました。「電話でキャンセルする」が「ネットでキャンセルする」に変わったわけです。５分で終了しました。

④業界新聞を読む、③台湾の勉強会の告知をする、②飛行機をキャンセルする、の

ように15分以下で終わるタスクであれば、ＴｏＤｏリストのままでも大丈夫です。どこかの隙間時間で処理することができる仕事だからです。

問題は①です。15分では到底終わりませんから、ずっとＴｏＤｏリストのトップに居座るわけです。で、ずっと居座るおかげで面倒くさいと心理的に思ってきたら大変です。タスクは、面倒くさいと思ったら取りかかろうとする気力が失せてきます。

ですから、15分以上かかるタスクは、分割したＴｏＤｏもその近くに書き出しておくのがコツです。

具体的に言うと、①「『面倒くさがりやの超整理術』の原稿を書く」と書いたあとに、これは15分のタスクを超えると思ったら、分割して15分程度のタスクを追記するのです。サイフの整理方法のコツを列挙するとか、Dr.Wallet の料金システムを確認するといった具合に細分化するのです。そうすれば、タスクは進捗します。

連載記事を書くようなタスクであれば、ネタを考える、アポをとる、取材を行う、記事を書く、ゲラを校正するというのが基本的なフローですが、取材と記事は15分以上の仕事になりますから、手帳に予定として書いておかねばなりません。タスクのままではいけないのです。

ＴｏＤｏリストの問題点は、時間が短いモノであれば隙間時間でもこなせるかもしれませんが、時間が長いものは予定として手帳で時間を確保しなければ、残業ばかり増えることになってしまうので、要注意なのです。執筆日を予定として書いていることは、そういう理由なのです。

第5章

デジタル整理編

キーボードという憂鬱［15分］

机上の整理の問題点のひとつがキーボードです。パソコンを使わない仕事はありえない世の中になったわけですが、キーボードがなければパソコンは使えない。ですが、逆に言うと、パソコンを使わないときのキーボードは何の役にも立たない道具ですよね。キーボードが机の上にドーンと場所を取っていることが、机上を混乱させる原因のひとつでもあります。キーボードを作るメーカーの方がこの問題を解決してくれる商品を出してくれるまでは、運用と机まわりのツールで解決するしかありません。

本のようにキーボードを立てかけるということもやっていましたが、元々立てかけるように設計がされていませんから、安定しません。倒れる可能性があるので、立てかけスペースを空けるのは注意が必要です。仕事において、余計な注意を必要とする道具や運用は避けるのが基本ですから、他の運用を探りました。

立てかけることができるキーボードというのも売っていますが、本末転倒です。本来キーボードは入力しやすいことがキーボード選びの第一条件で、立つことではありませんから。

結論から言いますと、机上台というのが道具としてオススメです。パソコンのディスプレイを持ち上げて設置する台です。パソコンのディスプレイが少し持ち上がることで、ディスプレイ下にキーボードを押し込めるスペースが生まれます。ですから、キーボードを使わないときは、その下の空きスペースにキーボードを収納することができるので、机上の作業スペースが広がります。

そもそも、ディスプレイの中央に1本だけ脚が付いているのではなく、左右に脚を付けて真ん中のスペースを空けてくれると問題は解決しそうですが、なぜかディスプレイは中央1本脚のものばかりですねぇ。ディスプレイメーカーさんのがんばりを期待したいところです。

机上台ですが、昔は自作していましたが、今はリヒトラブ社製の机上台を愛用しています。いまでは、机上台は、各社から色々なサイズ、付加機能付きのものが出ています。USBの充電口が付いているものがオススメです。パソコンと同時に現代の生活やビジネスでは欠かせないスマホです。それを置いておく定位置のスペースと同時に、充電できる場所が同じだと充電忘れもなくなります。席を立つときにスマホがどこに行ったか分からなくなることも減るでしょう。ＵＳＢ充電ポートの位置は全面タイプや側面タイプなど種類がありますから、仕事机に合ったものを選んでください。あなたにとって、スマホは置いておくのにちょうど良い場所があるはずです。

　机上台は単に台として、ディスプレイを上げるだけですが、高さによって姿勢が変わるので、実際に買う前にどのくらい上げると使いやすいのかは確認しておくことが必要です。サイズも大きいですし、捨てるのも手間ですから。その場合は、購入予定の机上台の高さまで雑誌や本などを積み上げてディスプレイを設置して、１～２日作業してみたほうがいいです。姿勢が悪くなると、作業効率、仕事の効率が著しく低下

しますから、何のために整理したのかが分からなくなります。ディスプレイが上がり、背筋が伸びることは基本的にはいい方向だとは思いますが、本を積んで確認するだけならタダですから、確認してから購入してください。15cm前後の机上台が多いと思いますが、定規のない方は、サイフから１０００円札を出してください。長いほうが15cmです。新しいお札のほうが正確です。多少縮みますので、古いと誤差が大きいです。

デスクトップの整理［5分］

パソコンに関することで散らかるのは、ディスプレイの上のデスクトップのファイルです。ドラッグしてポイッとデスクトップに置いて、処理したりするのは便利なので、作業が終わったあとも居座ってぐちゃぐちゃになってしまいます。

で、オススメするのは、整列設定にして自動的に更新日で並べてしまうことです。つまり、更新しているファイル、作成したばかりのファイルが一番上に存在していて、使わなくなったらどんどん下がっていきます。

更新されたファイルは必ず上にありますから、作業にとりかかるときも速いはずです。そうすると、デスクトップの上に散らかっているファイルが一応並びます。で、更新していないファイルは、「デスクトップ２０１８年10月」という日付の名前のフォルダーに全部まとめて入れちゃいます。

きちんと整理してもしなくても、いまは検索でパソコン中のファイルも検索できます。とりあえず置いておかないといけないファイルだと思ったら、デスクトップ上に散乱させているより、ざっくり保管しておけばいいのです。棄てる棄てないを考えるのも手間ですし、きちんとフォルダー分けするのも面倒ですから。

もう用はないけど、あとから使うかもと思ったら、とりあえず、「デスクトップ２０１８年10月」というフォルダーにたたき込んでおけば、デスクトップはシンプルになるはずです。

少なくとも、「デスクトップ２０１８年10月」には、10月に「仕事をしたものが入っているはずですから、このときの仕事を探さねばと思ったら、このフォルダーの中を漁ればいいわけです。

ちなみに、私のいまのデスクトップは、この本に関する書類の入ったフォルダーのショートカット（Mac の場合はエイリアス）と手帳別冊ガイドのＰＤＦ、連載している雑誌のゲラ２つです。中身の確認は終わっていますが、それぞれ適切な場所に振り分ける予定なので、見える状態で放置されています。

それぞれ５～15分くらいの作業をしなければいけませんので、時間のあるときにやろうとすると3つの仕事が残っていることがデスクトップから分かります。

追加の仕事が入ってくると、デスクトップの上側にファイルが増えてくるので、上から順番に処理してしまえば、デスクトップは意外とスムーズに流れます。最初は、ファイルが動くので違和感があるかもしれませんが、最新が上にいるということが分かればそれほど問題ないはずです。

メールなどはそういう順番で並んでいますから、それと同じです。

「デスクトップ２０１８年10月」は、そのまま11月になればGoogle Oneに移動させます。パソコン上からはいなくなりますが、いつでもアクセスできるクラウド上に置くことで、必要なときにはどこからでも取り

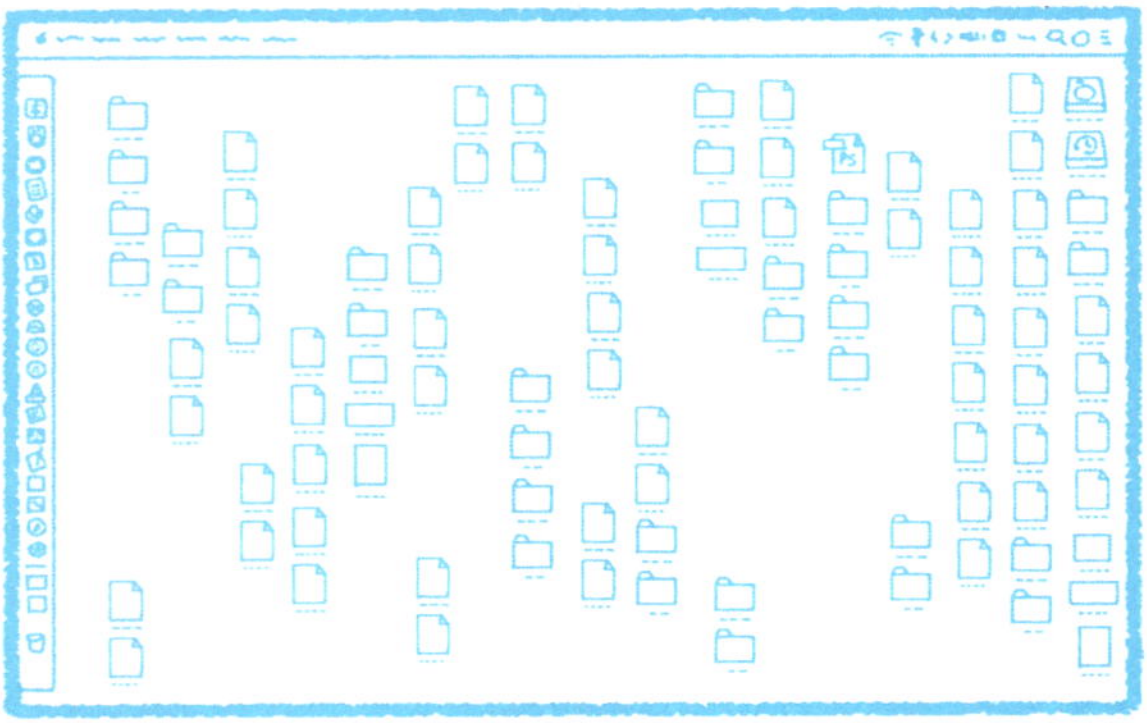

出せます。もちろん、検索も可能です。

フォルダーの整理［30秒］

パソコンのフォルダー内の整理についてご説明します。プロジェクトが始まったら、フォルダーをひとつ作って、その中に適当に投げ込めばＯＫです。で、そのフォルダーの中に適当なフォルダーを作ってもＯＫですし、全部の書類を一緒に放りこんでおいても構いません。

とにかくひとつのフォルダーに収めてさえいれば、プロジェクトが終了した時点で、そのフォルダー毎Google Oneに収納してしまえば、パソコンの中のデータは軽くなります。私の場合は、Dropboxに同期したフォルダーがアクティブに動かしているデータであり、終了するまではそこに適当に入れて仕事します。Macだけ、Windowsだけで仕事をする人であれば、アップルやマイクロソフトのクラウドサービスで保管するのも良いですが、私はMacもWindowsもAndroidもiPhoneもと、色々な端末から同じデータにアクセスするので、Dropboxを使っています。ですが、整理はひとつのフォルダーに入れるだけです。

アクティブなフォルダーは、プロジェクト毎にとりあえずひとつだけ。細かいフォルダー整理は気にしない。あとから検索もできるからです。

アクティブでなくなった時点で、Google Oneでクラウド保存。こうしておけば、ノートパソコンのような保存容量が限られている端末でもすべてのデータを扱うことができます。

データがDropboxかGoogle Oneに存在していれば、スマホアプリで閲覧することも、簡単な編集をすることもできます。

紙の書類はスキャンしてＰＤＦになってEvernoteにあります。こちらもスマホアプリから閲覧できます。

フローは極めてシンプルですよね。これだけでデータは整理されているわけです。

データとは少し違いますが、パスワードもスマホとパソコンで後述する「LastPass《ラストパス》」で共有できますから、その設定まで済んでしまえば、より快適にスマホだけで作業もできるようになるでしょう。

メールの整理［30分］

メールからは必要な情報、大事な情報、要らない情報など色々な情報が入ってくるので、メールを整理したいと思う人も多いでしょう。

ちなみに、10月6日24時現在の私のメールボックスに入っているメールの数を数えると、0です。

メールボックスはToDoリストのようなモノです。読むだけで済むToDoの場合もありますし、何か対応をしなければいけないToDoの場合もあるでしょう。ダウンロードをして保管しておかねばならない、ファイルなどのついたToDoになっているメールもあるでしょう。

メールをメールボックスの中に置いておくと、探すのが大変です。目視で探さなければなりませんし、いま見る必要のないメールもボックス内で見えてしまうことで余計な時間を取られてしまいます。

GoogleのGmailサービスを使っているのであれば、「アーカイブ」を使えば、保管はしてくれているけれど、メールボックスからは見えなくするという書庫に入れるような扱いができるので便利です。これができない仕様のシステムでメールをしている場合は、Evernoteに転送するか、メールをデスクトップにドラッグして、ｍｓｇの拡張子のついたメールのファイルとして保管しておくことになります。

私は、Gmailの無料版の容量が一杯になってしまうくらい激しく使っていますが、会社員時代は、メールサーバーの容量に問題があったので、ｍｓｇファイルとして、「２０１３年10月」のように毎月ひとつのフォルダーにまとめて入れていました。いまどきの方法ではないので、このやり方はあまりオススメしませんが、サーバー容量に限りのあるシステムでメールを運用している方は、このパターンでバックアップと整理をするのが簡単でしょう。５分くらいあればできます。

メールをメールボックスに置いておくことはしません。ですから、１日が終わると、メールは０になっています。「全部処理しきれるの？」と思われる方もいると思いますが、処理しきれているわけではありません。Gmailの機能でスヌーズを使って、見えなくしているのです。

メールのスヌーズとは、目覚まし時計のスヌーズと同じです。6時にアラームを鳴らしたけど、ちゃんと起きて消さないと5分後とかにもう一度鳴る、朝のあんまり嬉しくない場面で遭遇するのがスヌーズです。

いま処理できないような案件を、先送りにする機能がスヌーズとしてGmailでは使えます。ですから、飛行機のチケットの予約完了メールが届けば、搭乗日の朝にもう一度示されるように、スヌーズで設定します。すると、搭乗日のメールボックスを見れば、搭乗券として使えるQRコードが記載されたメールが届くのです。このスヌーズの機能を使い出すと、見た瞬間にあとから必要なメールはスヌーズで飛ばしてしまうと一気に片づきます。メールは削除しているわけではなく、必要な時間に飛ばしてしまうという整理の方法です。

実際、メールはタスクの集まりですから、そのタスクを処理するのに相応しい場所や時間があります。ですから、このスヌーズの技を使うと、サクサクとメールの処理が終わります。「午後イチにまとめて返信しよう」とか、「終業間際にまとめて返信しよう」「明日の朝イチに処理しよう」というように、必要なときに適切なメールがもう一度届くので、結果として、都度都度メール処理するよりも速く片づきます。

で、数を減らしていま取りかかるべきメールだけを残し、そのタスクを処理していくとメールで送られてくるタスクを整理と同時に処理していけるはずです。

「先延ばしにしているだけじゃないの？」というご指摘もあるかと思います。はい、そのとおりです。どうせ、自分の処理できる能力に限りがあるわけですから、処理しきれない案件はずっとメールボックスに居座ることになりますが、結果としてやらないわけです。ですが、スヌーズを使って先延ばしすると、「あれ？」というように自分で自分を督促する効果もあるわけです。新着側にぴょこんと指定した時間に表れますからね。

メールボックスに留まっているメールではなく、ひょっこり出てきたほうが新鮮で「やろう」という気が出ますし、スヌーズするときに、「この日はやれるかな」と思った日時を設定しておけば、より効果的です。

それでもできない場合は、何回かスヌーズして、もうやるのを諦めてしまえばいいわけです。ゆるーくいきましょう。

チャットとメールの整理［5分］

フェイスブックの「Messenger《メッセンジャー》」「LINE」「Slack《スラック》」「ChatWork《チャットワーク》」などチャットでやりとりすることが多くなりました。で、問題になるのがメールでのやりとりもチャット風になってしまうことです。メールの場合、適切なタイトルが付いていないとあとで検索するのがとても面倒くさい。ですが、チャット時代に慣れた人はメールのタイトルが適当についています。ひどいのは、「社名＋名前です。」というタイトル。署名にも同じ情報が入っているので、この情報はタイトルには不要です。で、タイトルは中身が分かるように付けるのが基本ですから、「社名＋名前です。」のメールが返ってきたら、メールを返信するときに、タイトルを変えてあとで整理しています。

この本はメールに関することだけの本ではないので、詳しくは書きませんが、忙しい人にメールを送るのに慣れている人はメールのタイトルの付け方も内容も秀逸です。その実例を知りたい人は、村上龍さんの『eメールの達人になる』（集英社）が良著です。村上龍さんが忙しい著名人とやりとりしたメールの内容とタイトルが紹介されています。

前の項目で、メールは整理しないで検索すれば良いとご説明しましたが、情報のあまり入っていないチャット風のメールだけが繰り返されると、その中から必要な情報を抜き出すのがとても面倒くさいことになります。こういうメールの場合、毎回メールのタイトルを新しく付けるようにしておくことがメールの整理になるのです。

「お願い」

「お問い合わせにつきまして」

「先日はありがとうございました」

このようなタイトルはよくありますが、何のお願いか、何の問い合わせか、先日はどんなイベントなのかを明記すべきなのです。「本文で言うからいいよ」ではなく、メールのタイトルだけで中身が分かるようにしておかないと、メールをたくさん受ける人だととくに埋もれてしまいます。

アップルの新製品発表会のようなサプライズではないのです。メールのタイトルは、ファイルボックスに付けるインデックスのようなものだと思ってください。もしくは、資料の冒頭に付けるタイトルです。

資料や企画書の冒頭につけるタイトルが、「お願い」ではないはずですよね？　切手

を貼って手で書く手紙ではありません。メールは資料ですから、中身を開けないと分からないというタイトルのつけ方にならないように、返信で、自分で整理するのです。さすがに、相手に強要するのは難しいですからね。こうしておけば、あとからそのメールが必要になったときにも、次の返事が返ってきたときにも初動が早くなります。

チャット系ツールの場合は、タイトル付けの必要はありませんが、@xxxのように人を指定しないと、誰が何をやるのか、返信をすべきかどうかが分からないまま、川の流れのようにズルズルといってしまいがちです。グループ化されたスレッドの場合に見逃すことも多くなりますので、忙しい人、ずぼらな人相手だと、同じ内容を直接スレッドとは別にメッセージで送っておくと良いでしょう。流れているスレッド内から探すより楽です。

「ピン留め」という手法でもスレッドで重要事項を辿れますが、相手本人が返事をするか、アクションをするかというのとは違いますからね。あくまでもスレッド内の情報整理にピン留めやスターの機能は使えるということです。LINEではピン留めではなくアナウンスという用語を使っています。ChatWorkでは個別のコメントでピン留めすることができませんが、URLとして記述できるのでその機能を使うこともあります。Slackはピン留め機能は使えますが、ピン留めが多くなりすぎると結果的にピン留めを整理しなければなります。私の場合は、あとで見返すかもしれないと思う案件は、スマホでスクリーンショットを撮って画像ファイル化しています。で、その写真にお気に入りの☆マークを付けておくということをよくやります。

余計な画像ファイルは増えてしまいますが、見たままの情報がそのまま残っているので、返信などの作業の場合は、この画像の情報を頼りにすれば比較的容易に元の情報まで辿り着け、アクションを起こすことができるでしょう。

コミュニケーション系ツールの情報を整理するのに、相手の手法を変えることは難しいですから、自分で楽に情報を整理するように工夫することが基本です。日進月歩ですから、やり方も日々変わるとは思いますので、キャッチアップしてください。

エバーノートの整理［60分］

Evernoteの中の整理がしたくなってきた人もいるかもしれません。しなくてもいいんですけど。手紙やカタログ、書類などが増えてきたら、分類したくなる気持ちも分からないでもありません。まぁ、分類したい気持ちがあるのであれば、分類の仕方は2つです。プロジェクト毎に「ノートブック」を分けるか、タグと呼ばれる印を付けるかです。オススメはタグです。

私はコンサル先の書類であれば、コンサル先の社名をタグにつけています。書籍であれば書名、雑誌であれば雑誌名、保証書や領収書も入れているので、それもタグになっています。分かりやすい英語のタグが入力しやすいのでオススメです。お便りは「letter」、ネタ帳は「idea」のように英語にしておけば、「i」と入力した瞬間に候補であるタグのideaが出てくるので、すべての文字を入力する手間が省けます。保証書や領収書のように英語がすぐに出てこない、漢字のほうが管理しやすいものは、「＋」

という記号を冒頭につけた「+保証書」「+領収書」「+チラシ」のようにしています。こうしておけば、「+」と入力した瞬間に候補である+〇〇のタグが一覧できるので、選択するだけで済みます。

タグが付いていれば、タグでも検索することができますから、よりEvernote内の書類の検索性が上がります。ただ、面倒くさい人はタグをつけなくてもかまいませんので、気になる人はタグで分類してみてください。

パスワードの整理［30分］

チケットの予約や航空券の発券、ホテルの予約、何でもネットでできるようになったのは便利な反面、毎回のようにパスワードを聞かれるのは苦痛です。あー、面倒くさい。面倒なので、同じパスワードを複数のサイトで使っている人がいるとしたら、気をつけてくださいね。どこかのサイトでパスワードを盗まれたら、全部を盗まれちゃうわけですから、とんでもなく面倒なことになります。

ＳＮＳの投稿を見ていると、変なスパムアプリにひっかかって、某サングラスメーカーのイベント招待的なものをたくさん送っちゃっている人もいますよね。もし、そのアカウントと同じパスワードをほかのサイトでも使っているとしたら、怖い怖い。

で、パスワードは全部違うものにして、パスワード管理アプリで一括することにしました。こうすれば、面倒ではありません。パスワード管理アプリひとつ覚えるだけで済みますから。で、日本人にとってパスワード管理アプリはちょっと面倒でした。外国産のモノしかいいアプリがなく、日本語化が中途半端なのです。英語が得意な人はたぶん困らないレベルですが、「I have an apple.」レベルの私にとっては結構最初のハードルが高かったです（苦笑）。

ちょっと前は「1password《ワンパスワード》」という老舗アプリが良かったのですが、いまはLastpassというアプリが日本語対応していてオススメです。やっとコテコテの日本人にも便利な時代になりました。いまのところ、この2社のどちらかがいいでしょう。何かトラブルがあったときに、しっかりした会社の製品の方が安心ですよね。

iPhoneのアプリでダウンロード数が多いものとして表示される、日本語化されたパスワード管理アプリがいくつかありますが、個人が作っているようなので、私は怖くて使えません。リスクはどこにでもあるので、何を選ぶかは自己責任ですが。

Mac・Windows・iPhone・Androidと自分の使うすべてのプラットフォームに対応しているものを選ばないと面倒です。サイトにパスワードを入れてログインするのは、パソコンでもスマホでも同じようにやりますからね。逆に自分の使うプラットフォームにすべて対応していれば、パスワード地獄から解放されます。

手続きは、２０１８年の段階ではLastpassのほうが楽ちんです。1passwordは老舗なので料金体系がつぎはぎした感じで、複雑で分かりづらい。両者ともに最初は無料でも使えますが、大事なモノを預けるのにお金を払わなかったら、問題があってもクレームも入れづらいです。いまのところ、私は問題にあったことはないので、問題のあったときの対応についてはお答えできないのですが……。

導入してしまえば、パソコンだろうがスマホだろうが、パスワードを要求されたら、サクッとパスワード管理ソフトを起動させ、パスワードを代わりに入力してもらい、スルッとログインして完了です。あ〜、いままでの地獄は何だったんだろう。

「パスワードをお忘れですか？」「再発行しますか？」というデジャヴューのようなループは……（苦笑）。

趣味の整理［30分］

趣味の記録を整理しようと思ったこともあるかと思います。でも、あまりの膨大な量に、面倒でついつい放ったらかしになってしまいがちです。

オススメなのは、ＷＥＢの趣味的なものを集約しているようなサービスを探すことです。例えば、私の場合は映画を年間１００本くらい観ますので、映画を観た情報を整理できるサイトを探しました。

「KINENOTO《キネノート》」という『キネマ旬報』（キネマ旬報社）という映画関係の雑誌を発行している会社が出しているサービスです。映画名で検索して、観た日や場所、感想などを投稿することができます。私は面倒くさいので基本的に日付くらいですが、やる気のあるときは、どこの映画館で観たとか、アマゾンプライムで観たとかレンタルＤＶＤで観た、というように詳細まで登録します。こうやって登録すると、このサービスでは、今年何本観たとか、今月何本観た、というようにグラフ化してくれます。有村架純さんの映画を21本観ているとか、清野菜名さんの映画を17本観ているとか、自動的に分類とか整理とかしてくれるのでオススメです。WEBサービスだと登録だけしてしまえば、あとは自動ですからね。

趣味で言うと、行ったお店は「食べログ」で記録しています。ですから、「あのお店にもう一度行きたいなと思ったら、行ったお店の中から検索すればいいので、場所などのあやふやな情報だけで辿り着けます。お店の数は多いので、行ったときに記録しておく。雑誌で見たときに「行きたい」とチェックを入れておくだけしかしませんが、これで充分飲食店の整理はできてしまいます。2度目の世界一周に向けて、予習を兼ねて世界中の料理を食べていますが、この店は行ったと記録されていますから、検索も簡単です。金沢のチェコ料理「DUB」とか原宿のペルー料理「ペポカ」などは超オススメのお店ですが、最近物忘れが激しいので店名を忘れてしまっても、自分の食べログの記録の中から検索して紹介できるのです。

魚介類で言うと、徳島の「はる坊」とか長崎の「鮨幸三」は、痺れるほどの旨さです。人に紹介するときも、食べログのようなサービスに記録していると店名や場所もスマホやパソコンですぐに教えることができて便利です。

もうひとつ事例を紹介しましょう。アーティストのライブに行くことが多いのですが、この記録は「Live《ライブ》 Fans《ファン》」というサービスとアプリで記録しています。「2018年は横浜アリーナでB'z」のように、行ったライブを登録します。アーティスト名で検索すると一覧が出てくるので、選ぶだけです。そうすれば、あとから誰かがセットリストを登録してくれたり、お気に入りのアーティストに関する情報が通知されたりします。

やることと言えば、普通にネット検索するようにキーワードを入れるだけですから、面倒ではありません。そうしておけば、ライブに行った記録が自動的に整理されるわけです。夏フェスのようなたくさんのアーティストが出るものも登録できますから、あとで、「あの会場で観たアーティストは……」と検索することもできるので、このサービスに登録しておくと楽ちんです。

意外と色々な趣味系のサービスがあるようですので、ぜひ自分の趣味の記録と整理にトライしてみてください。

WEB情報の整理【10分】

WEBサイトを見ていて「いいな」と思ったものがあれば、Evernoteにクリップするという整理の仕方をオススメします。とりあえず、クリップするようにしておけば、広大なネットの中を探すことをせずに、Evernoteという限られた場所の中から検索すればいいので便利です。Evernoteはブラウザにエクステンションと呼ばれる機能追加を入れておくと、ツールバーからワンクリックで登録できるので、整理が楽です。

Evernoteのエクステンションをインストールするだけなら、10分もあればできるでしょう。また、日々のクリップは10秒もあればできます。ボタンを押すだけですから。このエクステンションをオススメする理由は、そのエクステンションがインストールされたブラウザでキーワード検索をすると、Evernote内のファイルも検索してくれて、検索結果として表示してくれます。例えば、「富士フイルム」で検索すると、富士フイルムのネット検索結果はもちろんですが、私が過去に講演で富士フイルムに呼ばれて登壇したときの資料や、『広報会議』でチェキの取材をしたときの資料などが一緒に表示されます。つまり、埋もれていた情報が一緒に表示されるのです。

情報整理を何のためにやっているのかというと、活用するためですよね。Evernoteでクリップしているだけで自動的に活用できるわけです。このエクステンションを入れておきさえすれば、冒頭で説明しましたEvernoteにクリップしたWEBサイトの情報もキーワードに入っていれば表示されますから、これはチェックと思ったけど、チェックするのを忘れていたような情報がもう一度蘇るのです。

私の場合は、Evernoteに入れておくだけで見直すことをしないので、すぐに見直すべき情報は「Google《グーグル》 Keep《キープ》」というサービスに登録します。Google KeepもEvernoteと同じようなサービスですが、保存より一時的な保管に向いているサービスです。付箋を貼ったようにペタペタと情報が貼り付いた形で一覧でき、それを時間のあるときに片っ端から見直します。で、保存するべきと思えばEvernoteに送り、もう要らないかなと思えばそのままGoogle Keep上でアーカイブします。

スマホの整理［15分］

スマホが普及して、何でもスマホでできる世の中になりました。電車の中でスマホを触っていない人を見ない日はありませんよね。

スマホは便利なのですが、アプリやデータを整理しないといけないなぁと思っている人も多いでしょう。

第2章でも書きましたが、データの最たるものは写真でしょう。ご説明したとおり、これはGoogle Photosで整理すればあっというまに片づきます。

次にメールですが、Gmailのアプリかインボックスのアプリを入れておくのがコツです。インボックスはスヌーズ機能の搭載など新しい機能を織り込んだGmailの実験的なサービスでしたが、２０１９年3月にサービス終了と発表されています。新しい機能はGmail側にも搭載されましたので、お役目を終えたのかもしれません。スマホでメールがどこでも見られるようになった半面、面倒なこともあります。印刷して書類を送付するとか、大きなファイルをダウンロードするような場合に、テクニックを駆使しないとその仕事が完了できません。

私はスマホだけで長期の海外出張をしているくらいなので、手法は知っていますが、通常であれば、オフィスに戻ったときや自宅に戻ったときにパソコンで対応すれば良いメールは、スヌーズで日時まで飛ばしてしまえば良いでしょう。Gmailやインボックスのアプリを入れているとスヌーズはできます。

復習がてら書いてきましたが、スマホで常時使うアプリは、1画面目に置いておくようにしてください。スライドさせて見なければならない後ろのほうではなく、必ず1画面目です。

1画面目に、使用頻度の高いアプリを入れるのです。使う頻度の多いアプリを1画面目に移動させるだけで使い勝手が向上します。ただ、使用頻度は多いけれど、控えなければいけないような暇つぶし的にやっているアプリ（SNSやゲームなど）は、逆にフォルダーを作って奥のほうに収めてしまうというのも手です。ちょっとでも面倒くさくしてしまえば、つい起動してしまうことを防げます。

SNSやゲームをしている暇があれば、メールの一本でもニュースの一本でも読めるかもしれませんよね。もちろん、仕事ばかりが人生じゃないので、「ゲームやＳＮＳをするな」と主張しているわけではありません。簡単にアクセスできると、つい手が出てしまうと言っているだけです。

　私の場合は、最近はクーポン系のアプリが増えてきたので、クーポンアプリを並べて入れています。コンビニや飲食店、ドラッグストア、自動販売機とスマホで処理できるものが増えました。ですから、2画面目はクーポン系を集めました。前述した映画を登録するアプリはこの2画面目です。横には、映画館の予約アプリやネットフリックス、アマゾンプライムが置いてあります。1画面目に置かない理由は、わざわざ探さなければならなくするためです。ふらっと立ち寄らないようにです。

　3画面目は出張関連アプリです。ＡＮＡ、ＪＡＬなどの航空券予約、Booking.com、楽天トラベルなどの予約アプリ、新幹線予約のＥＸアプリ、タクシー配車やUber《ウーバー》などもこの画面です。ホテルの会員券アプリもここに集約しています。出張が多いからこういう配置ですが、人によって変えればいいということです。同じ画面に入っていると、飛行機を予約してそのまま宿の予約なども一連の流れで作業が済みますから効率的です。

4画面目は、新しいアプリを試す用途に、5画面目は銀行などの決済系のアプリが並んでいます。第4章のレシートのところで紹介したDr.Walletは、ここではありません。すぐに開けるように1画面目に置いています。面倒だと自分が思っているものを前に置いておかないといけないからです。銀行の決済系のアプリが後ろなのは、振り込みなどが必要な場合は、後ろのほうであれ、前のほうであれどこに置いていても仕事に必要なためアプリを探すからですし、私の場合、スマホで処理しなければいけないケースも少ないからです。

　ゲームアプリが多い人はゲームをどこかの画面に決めて並べるもよし、写真加工アプリが多い人はそれを並べるでも良いでしょう。同じ状況で使うものをまとめておくだけで、スマホの使い勝手は相当良くなるはずです。1画面面を作るのに15分くらいでしょう。

スマホでメモの整理［15分］

スマホでメモを取る人は、iPhoneだとアップル純正のメモ帳アプリを使っている人も多いでしょう。私も基本的にそうでした。ですが、メモが増えてくると、管理できなくなってしまいがちです。検索すればいいかもしれませんが、目的のメモに辿り着くまでに時間がかかってしまいます。

サクッと移動したいときに、便利なのがメモアプリのSimplenoteです。WEB版もあり、Windows・Macのアプリ版もあり、もちろんスマホのAndroidでもiPhoneでもアプリがあります。つまり、メモが私の使っているすべての端末で同期しています。

最近のメモ帳で欲しい機能としては、URLをコピペしておけば、それをクリックしたらそのページにジャンプすることなのですが、もちろん搭載しています。このメモ帳は、項目が増えてきたときに分類できるのでオススメです。フォルダー分けではなく、メモにタグを付けるという形なので、メモに2つ～3つのルートからアプローチすることができます。

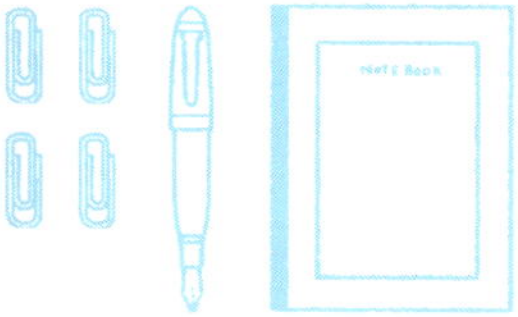

例えば、連絡先リストというタグには、私が関わっているプロジェクトの関係者の連絡先がそれぞれ書かれています。署名からコピペしたくらいの簡易なものです。で、その連絡先のメモには、「広報会議」「MONOQLO」「出版社」のようなタグも付いています。タグをたくさん作るとリスト上では見づらくなりますが、よく使うタグを上部に移動させることができるので、そうしておけば欲しいメモの情報にすぐに辿り着けます。消耗品の購入先リストなどもこのメモ帳で管理です。

　私はアイデアをこのSimplenoteには最終的には置くことはせずEvernoteに送ります。このSimplenoteは動作が軽いこともあって、さっとスマホでメモを取るときに

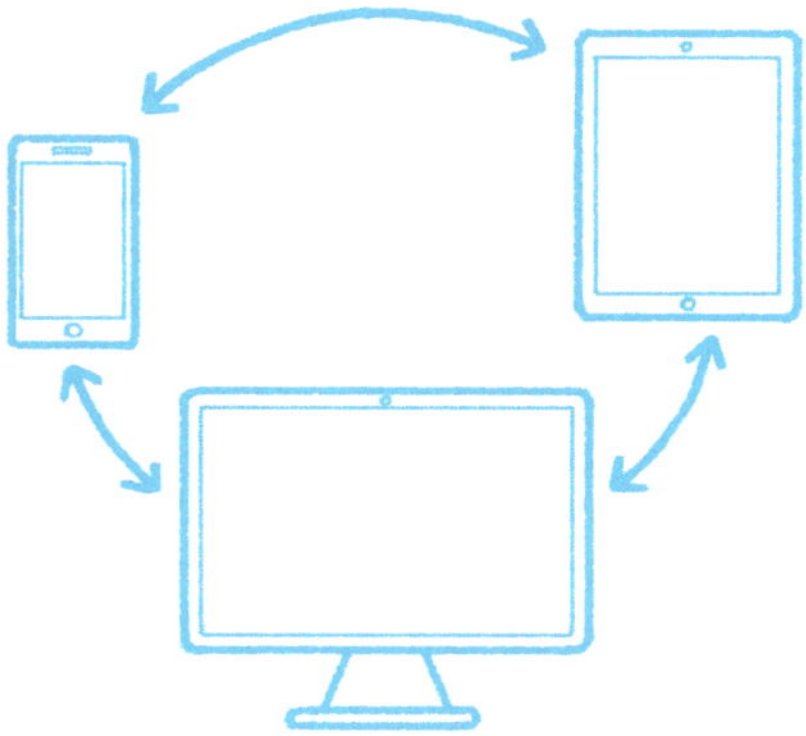

は、「idea」のタグの下に適当なメモを書いています。タグで設定できるので、出したアイデアが別のタグのプロジェクトのアイデアであれば、２つタグを付けておけば良いだけです。Simplenoteは、メモ全体をダウンロードして抜き出して保存することもＷＥＢ上で簡単にできるので、オススメです。

第6章
思考の整理編

頭の中の整理（その1）［3時間］

頭の中を整理するために必要なものは、先人の知恵を入れることです。つまりは、本を読むのが頭の中を整理するのに一番速い方法です。それでも、一冊読むと3時間くらいはかかります。ただ、自分だけで頭を整理しようとすると何時間かかっても整理できないことも多いでしょう。本を読むのが苦手な人は講演を聴くでも良いですが、自分の思考のペースと合っていないとテンポが合わない可能性もあるので、注意が必要ですね。

では、まずは講演のお話から。『WORK MILL with Forbes JAPAN』（プレジデント社）という雑誌の主催するイベントを聴講しに行ったら、コンサルタントの山口周さんが、

「イノベーション」

「役に立つ」

このあたりの言葉の定義について、具体例を出しつつディスカッションを展開され

ました。私にとって、痺れるほど楽しいものだったのですが、その理由は、思考が整理されていることを実感できるからです。山口さんは、『世界のエリートはなぜ「美意識」を鍛えるのか？　～経営における「アート」と「サイエンス」～』（光文社）という書籍を執筆していることもあり、「美術は、ビジネスに役に立ちますか？」とＷＯＲＫ　ＭＩＬＬの編集長から質問が出され、それに対して、「役に立つとは、数字で客観的な評価ができるということですが、美術には客観的な評価はできません。ですから、役に立つという設問にはそぐわない」と。

　また、「役に立つというような客観的な評価ができるものは、今後は人工知能による評価に置き換わっていく」という話も展開されていました。私も大学時代に人工知能についても勉強しましたが、評価の方向が定まっているものは、プログラム化できるので、コンピューターのパワーが充分になった現在では人工知能が人に置き換わることも多くなると実感していました。

　山口さん曰く、「美術は客観的な評価ができないから、人工知能ではなく人間がやる価値がある仕事になる」とご説明していました。この基準を知っていれば、人工知能に向いている仕事とそうでない仕事を簡単に見分けることができます。これが思考の整理です。自分がなんとなく感じていたことを言語化した軸で提示されると腑に落ちるし、今後の物の見方の物差しができます。

基本的に、私は本を読むことでその物差しを作ります。思考の整理には、自分のペースに合わせて読める本のほうがオススメです。講演とは違い、評価もされているので、当たり外れも予想した上で取り組めますし。最近腰を痛めて、加藤文雄さんの『腰痛教室』（同文書院）という本を読んでみたのですが、「腰痛のメカニズムはまだ明らかではない」ということが書かれていました。ただ、考え方による影響も大きいと。例えば、「腰が痛いときに、腰が悪いというけれど、頭が痛いときに頭が悪いとは言わない」と書かれていました。

たしかに、腰を悪者にしてしまうことで腰の痛さという問題に対して思考停止してしまっている気がします。筋肉と神経の痛みの問題で難しいのは、痛いと人間の本能で動きを止めてしまうけれど、筋肉や神経の痛みは動かさないから生じていることなので、少しずつでも動かすという本能と真逆のことを実行する必要があるからということが分かりました。もちろん、どう動かすのかは重要なのですが、この考え方が分かったことで腰痛対策の方針が立ちました。

その分野の詳しい人が解説してくれるおかげで、思考が整理され、行動に移せるようになるのです。ビジネスモデルしかり、身体の仕組みしかり。思考が整理されると楽しい。ワクワクします。すっきりしますから。これが思考の整理の効果です。

話を少し変えましょう。整理術について読者の人に「どんな整理術について読みたいですか?」と聞くと、仕事の整理についても知りたいというリクエストを頂きました。仕事の整理は、それだけで一冊の本になるテーマなので、この本ではすべては書ききれそうにありませんが、ちょうど先日読んだクリエイティブディレクターの水野学さんによる『いちばん大切なのに誰も教えてくれない段取りの教科書』(ダイヤモンド社)をオススメします。

「くまモン」のキャラクターデザインで知られる水野学さんの思考が浮き出ている良書でした。一線級の人はやっていることが面白い。それを整理するといい本になる。読んでいても楽しい。水野さんもやっていて、私もこの本で説明したのは、プロジェクトを整理するときに書き出すということと終わったあとにタスクリスト化、つまりはマニュアルにするということでした。こうやって、他人がやっていることが言語化されているものを読むと自分の思考の整理になるのです。

頭の中の整理（その2）［15分］

整理を阻害する自分の思考をここで整理したいと思います。日本語が入り組んでいますね。では、簡単な事例を挙げましょう。財布からホテルでもらった割引券が出てきました。こういう割引券の類は、ポイッと捨てられないことが多いかもしれません。もったいないという思考が強い人にこの傾向が多いです。

結果として、割引券がたくさん溜まるだけで、使いそびれてしまうことも増えてしまいます。もし、もったいないと思う思考が強い人は、もったいないと思って持っているものだけを集めて並べてみるといいでしょう。しまい込まずに出して、見えるように並べるのがミソです。

割引券くらいであれば、実は軽い問題です。それほど場所を取りませんし、有効期限がついていますし、使えないものは棄てる期日が設定されています。ポケットティッシュみたいなものも、もったいないと思って集めてしまっている人もいるかもしれません。有効期限とかはありませんから、棄てづらいですが、まぁ、ポケットティッシュでは花粉症の時期になれば、あっという間に消費できますから、実はまだマシです。

問題は買ってしまったモノです。これがもったいない気がして棄てられないけど、結果として整理するのに邪魔になります。途中で説明しましたケーブルの整理している保管場所に私も未使用のＤＶＤ-Ｒとブルーレイを置いていました。買うときは20枚とかパックでお得でしたから……。結局余っているわけですが（苦笑）。

いまでは、人にデータを渡すときにもクラウドですし、映画もオンデマンドで観られます。テレビの録画もハードディスクですから、実際使わない……けど、もったいなくて取っておきました。こういうのがみなさんの持ち物でもあるはずなんです。

もったいない思考と現実思考を対決させて、たったいま、ＤＶＤ-Ｒなどのメディアは捨ててきました（苦笑）。ですが、使わない小さい容量のＳＤカードはまだ残っています。場所を取らないので、もうしばらくは置いておきます……。ただ、この手のもったいないと思うモノは、できる限り、同類で固めて置いておくというのが面倒くさくない整理のコツです。

こうやっていると忘れてしまうよと思う人は、このＳＤカードのようなとりあえず保留にしたアイテムを箱に入れたあと、写真に撮ってください。で、Gmailを自分宛に送信して、そのメールをスヌーズ機能で1年後に届くように送るのです。

はい。そうです。土の中に埋めない面倒くさくないタイムカプセルです。1年後に忘れた頃に、おお!!　とやってくる写真。それまで開封していないアイテムだとしたら、そう、要らないということなんですよ。もったいない気持ちも時間をかけて整理すると、ストレスが少ないでしょう。

箱が邪魔だという人はミニクラに預けてしまえば、1年3ヶ月後に送料無料で戻すことができますから、戻ってきた箱を見て、やっぱり1年以上使わないんだなと実感して捨てることができるかもしれません。もちろん、保管しておきたい大事なモノは、置いておけばいいのですが……。

Zaurus《ザウルス》とかPalm《パーム》とかウォークマン付きのソニーのガラケーとか、もったいないなぁという気持ちと記念という意味で、私はいまだに箱に入れて置いています。絶対使わないですけれど……（笑）。

一方で私には、「お買い得だよ」といった得する情報に弱いという思考があります。「これをすると損だ」という選択をしないようにしてしまうことも多いです。これがひどくなると、安いからと言って、キンドルを何台も買う羽目になっています（苦笑）。

いま、殆どの本を電子書籍だとhonto《ホント》で買うことにしているので、キンドルはキンドルしかない電子書籍のみになります。また、キンドルの本を読むときはiPad miniで読むことが多いので、買ったキンドル端末は使いません。お得というのに弱いので、ツールが増えてしまっています。自分用の消耗品をたくさん買う人もお得という情報に釣られて、数年分の在庫を買ってしまうのかもしれません。私もインクジェットプリンターのインクを大量に買ってしまい、後悔しました。本当に、お得に弱いのです。

最近はこのお得に弱いという傾向を修正するために、「安いけど余分に買ったら置き場所どうするの？」「安いけど、それいつ使うの？」というように沸騰した気持ちを落ち着かせます。そして、アマゾンなどのＷＥＢサイトの場合は、その場では買わずにほしい物リストに登録して整理だけするようにしています。勢いでポチッとやってしまって邪魔なものが増えてしまいがちなのです。セールは魅力的ですが、要らないものを増やすのを避けるために、いったん頭を冷やします。

絶対に買わないということで無理をするのではなく、「買ってもいいんだけど、即買いをしないように」です。一拍、間を置くということを意識して、「お得だよ」という気持ちを整理して、踏みとどまるようにしています。

消耗品の整理の項目でも説明しましたが、いまはネットなどですぐに購入できる時代ですので、在庫をたくさん持たないでも済むはずですが、ついつい使うモノだしと思って溜めがちな人は、このほしい物リストに整理するを活用してみてはいかがでしょうか。

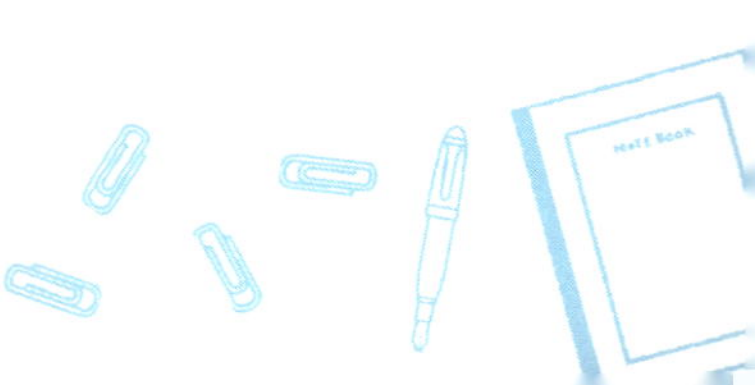

未来の不安の整理［15分］

私は紙の書類を整理するときに、「あとで使うかもしれないな」という未来の状況を危惧していました。実際は、それほど見る機会がある書類は限られるのですが、「使うかも」と少しでも思った書類をすべてPDFで保存する仕組みが出来上がる前までは、紙の書類が溢れかえっていました。

自分のプレゼン資料のコピーであれば、なくなっても印刷すれば良いのですが、他人からもらう資料はあとで使うかも知れないという未来への不安から整理できずに書類が増えてくるということが多かったのです。これをScanSnapで全部PDFデータ化するようになって、この未来への不安は一掃されました。全部残っていますから。

正直なところ、ほとんどの資料は使わないことのほうが多いのですが、たまにあの書類とリクエストされることが出てきます。未来は完全に予測できませんから、この備えがあることで、安心できるのです。

未来は希望だけ持つべきで、不安は持つことはないんだよと、よく自己啓発書には書かれていますが、ビジネスをやっていると、念のため、代案を用意しておくとか、失敗をしないためのリスクヘッジをしておこうと意識することが習慣になってきますから、その延長で、書類やモノについても溜め込みがちになるのです。

ユニクロやロフトなどのデザインで有名な佐藤可士和さんの会社では、プロジェクト単位でボックスに入れて、雑多に増えるであろうプロジェクトで必要になるモノについても整理のルールを決めていると『佐藤可士和の超整理術』（日本経済新聞出版社）に書かれていました。実際に佐藤さんの事務所に行くと壮観なほど美しく整理されています。必要ならば、箱から出せばいいとしているから、机の上には余計なものがなかったのです。

普通の仕事では、なかなかたくさんのスペースは用意してもらえないかもしれませんが、将来の不安に対して、仕組みで対処して整理してみてはいかがでしょうか。そう、私の場合は、そのひとつがミニクラだったわけです。

ノイズの整理［15分］

仕事をしているときも、プライベートでもノイズを整理しなければならないことが増えてきます。ノイズを発生させる原因から離れる工夫をすることが、私にとってノイズの整理なのですが、これをしていないと仕事の生産性が落ちるのです。

SNSで、見たくないような内容の投稿をする人がいたとしましょう。これは、私にとってノイズです。フェイスブックのタイムラインを読んでいるときに、ザワザワとした違和感があるような投稿。

自分にとって目障りでネガティブな投稿を上げる人がいたとすると、それ以降は表示されないように、フォローを外すということを小まめにしています。おじさんが自撮りのアップ顔で出てくるのも私にとってノイズです（笑）。なので、その手の投稿を上げる人はフォローを外しています。投稿自体を悪いと言っているのではありません。あくまでも、私にとってノイズと感じるモノを整理しておくことで、心のザワザワが減るようにしているのです。良いモノばかりに囲まれたいわけではないですが、気持ちをかき乱す要素を減らしておくことが自分のパフォーマンスを保つために重要なのです。

通勤電車でマナーの悪い人がいたとします。その人と遭遇することによって、気持ちがかき乱されたとしたら、出社したあとに、昨日と同じ仕事を同じペースでスタートすることができないはずです。そうならないためには、ノイズをできる限り取り除いておくことが大事なのです。通勤電車でいうと、会社に勤めていたときは、ノイズを避けるために、混雑する前の6時台の電車で通勤していました。

例えば、ツイッターでアダルト画像を上げる人もいます。自分にとってノイズになるならば、そういうモノをリツイートする人をフォローから外すようにしなければなりません。面倒ですが、こまめにフォローを外す作業をやっています。別にアダルト画像が悪いわけではありません。ツイッターは外出先で見ていることが多いので、そのときにびっくりするからです。周りの人が覗いてないとも限りませんし。

批判をする人を排除しようと言っているわけではありません。ノイズとなると感じるのであれば、それを見ないように心がけるだけです。それが私のやっているノイズの整理です。

ツイッターやフェイスブックのようなツールでは、フォローから外すということで目的を達成できますが、問題はメールです。自動的にメールマガジンなどを送ってくる人や会社、団体も多いでしょう。名刺交換やイベントに参加しただけで、毎日、毎週のようにメールを送りつけられたら、ノイズ以外の何者でもありません。

Gmailの場合は、フィルターの設定ができるので、勝手に何度もメールを送りつける人のメールは、受信ボックスをスルーして削除するようにフィルタリングしています。そうしておけば、自動的にノイズは整理されますから。私もメールマガジンなどを書いていたりしますが、会った人を勝手に登録したりはしません。自分の主張と反するからです。

Gmailでは、設定の項目を選べば、フィルターを適用できます。現在の設定から指定のメールアドレスや指定のドメインから来たメールを即削除とか、受信ボックスを通さず、適当なフォルダーに入れておくのような自動化処理ができます。

最初の設定は面倒くさいですが、毎回面倒くさいメールが飛んでくることを考えると、この設定をやってノイズを整理した方が効率的です。

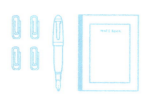

仕掛かり仕事の整理［15分］

仕掛かり仕事が増えると、机の上やワークスペースはぐちゃぐちゃになります。私は仕事にムラがあるので、仕掛かり仕事が多くなります。やる気のあるときはすぐに処理することができますが、やる気がないときには処理が滞るので、仕掛かり仕事が増えることになります。

いま、手元にある仕掛かり仕事をご説明しますと、

①昨日外出時に持ち出した銀行の通帳（移動中のどこかのタイミングで記帳しようと思っていましたが、時間が作れませんでした）
②昨日取材した方の名刺
③昨日取材した方の資料
④ビジネス書作家さんからのランチのお誘いをメモした手帳
⑤昨日のイベントで頂いた『ＷＯＲＫ ＭＩＬＬ ｗｉｔｈ Ｆｏｒｂｅｓ ＪＡＰＡ

N』という雑誌
⑥昨日の取材内容をメモしたノート
⑦ポールスミスで鞄の修理を依頼したあとの預かり伝票
⑧jetfiのＷｉ－Ｆｉルーター

とりあえず鞄の中から出して、机の上に広がっています。

昨日は面白い話が色々と聞けたので、脳がパンクして仕事のあとの整理をせずにこの状態です。この本の執筆をせずに、①～⑧の作業にとりかかれば良いのですが、今はこの本を書くことに関心が向いているので、この調子で書いています。

冷静に考えると、相手のある④の仕事にすぐに取りかかってしまえば良いのですが、三浦将さんは私が尊敬する作家さんなので、ランチに行けるという嬉しさの余韻に浸りつつ、返信をせずに仕事を続けています。ですから、手帳もMessengerのアプリのウィンドウも開いたままです。

時間配分をしないで、このまま仕事を続けていると、これらの仕事は仕掛かり仕事になり、ぐちゃぐちゃと余計に時間のかかる仕事になってしまいます。

さて、意を決して整理に取りかかります。

⑧を充電開始しました。⑦スマホで写真に撮って廃棄しました。②ScanSnapでEightに送りました。③ScanSnapでEvernoteに送りました。⑤書棚の右側に入れました。

ここまで、3分です。

あと残りは、⑥と④と①です。ビジネス書作家さんへのメッセージを書いて返信を待っている間にノートと手帳を眺める。今日の出張中にホテルで草稿を書いてしまおうとiPad miniと208gのキーボードを出張鞄に入れる。三浦さんからのメッセージが帰ってきたので、手帳を見ながら返信する。

私が提示した候補以外のほうが、都合が良さそうな雰囲気でした。どうしようかなと考えるこの時間は至福の時間で、じっくり時間をかけます。15分くらいかなぁ。

返信をしてから、9時になったので、散歩がてらATMに通帳記帳に行きました。これで、①が終了。ワークスペースに戻ってきたのは15分後です。

合計すると、仕掛かり仕事の整理をするのに、30分以上かけているわけです。ですが、この本で紹介している方法でサクッと処理しているものは、数分です。時間をかけているのは、自分の好きな仕事、やりたい仕事だということに注目してください。ATMが好きなわけではなく、散歩が好きなだけです。誤解なきように。

仕掛かり仕事がたくさんあると、ワークスペースが整理されない状態が続きます。ですので、自分のやりたい仕事にかける時間が減ります。3分で片づけた仕事がある一方、15分以上かけてゆっくり楽しんでいる仕事もあるのです。

仕掛かり仕事を見てみると、自分が整理すべき項目が分かります。

やりかけの状態なので、そのままにしておきたいという気持ちとそのままにしておくと邪魔だという気持ちが葛藤します。で、その場で処理してしまおうという意思が勝つと仕掛かり仕事はクリアされます。

仕掛かり仕事をいかに減らしていくのかということが、面倒くささを減らすポイントになるわけです。

プロジェクトの整理［15分］

仕掛かり仕事の話をしましたが、プロジェクトというのは長期にわたる仕掛かり仕事です。現在の状況をお話しすると、執筆中の書籍が4冊。雑誌やＷＥＢの連載が13本で、これは永遠に仕掛かり仕事の状態です。連載は続きますし、書籍は書き終えても次の依頼があると、結果として新しく追加されます。

ですが、私にとってこれら執筆の案件は比較的容易なプロジェクトです。やるべきことが見えているからです。新しいプロジェクトの最初は大変ですが、動き出してしまえば、いままでやってきたことと同じようにタスクを進めていけば良いのです。

大変なのは、自分の経営している会社やコンサルティングをしている会社のプロジェクト案件です。こちらは新しいことが次々と発生しますので、その都度、課題を整理して対策を打たねばなりません。

プロジェクトが開始されると、やるべき案件をまず紙のノートに書き出します。

雑誌の連載を新しく始めたときの例で、説明します。『ＭＯＮＯＱＬＯ』（晋遊舎）という雑誌で「桶狭間スマートホーム計画」という連載を持つことになりました。家のモノをすべてＩｏＴと呼ばれるネットやスマホでコントロールできるような機器で武装していくのが連載のテーマです。

まずは、名古屋で撮影してくださるカメラマンさんが必要ですから、「カメラマンを探す@名古屋」のように書き出します。

「ネタを考える」

「原稿を書く」

のように、当たり前に思いつくことも書きつつ、連載開始日までに、撮影とＩｏＴ機器の検討をいつすればいいかを確認して、

「８月５日に撮影する」

のように、日付入りのタスクを書き込みます。日付の入ったタスクが入ると、それまでにやらねばならないことが順番に決まっていきます。最初は思いつくままにタスクを書き出すのですが、日付の決まったタスクが入った段階で、いままで書いたタスクも日付で整理し直します。

「原稿を書くのは、８月６日」

「ネタを考えるのは、7月2日」
「ＩｏＴを買いに行くのは、7月3日」

このように、日付入りのタスクをドンドン決めていきます。で、手帳にも記入します。検証と使用性を確認する時間が必要なので、買ったモノを「7月3～17日くらいまで、検証」というように、タスクを追加します。このページに付箋を貼ります。ノートに書いている理由は、ふと思いついたり、追加の情報が入ったときに適当に書き込めるからです。

連載の場合は、これを何回か続けて、どれにどのくらいの時間がかかるのかを見積もっていくのです。ですから、4回目くらいになると、チェックリストが出来上がり、その順番通りにこなしていけば連載は書き上がるようになります。

チェックリストは、最終的には、テキストでSimplenoteに「マニュアル」というタグを付けて登録されます。もちろん、このマニュアルは「ＭＯＮＯＱＬＯ」というタグも付いています。

アイデアの整理［15分］

アイデアの整理は、Evernoteにすべてザクザクと入れておくのが面倒くさくないのでオススメです。ひとつだけに入れる場所を決めておくのが、ポイントです。

私はEvernoteに落ち着きましたが、紙のノートでも大丈夫です。過去は紙のノートに書いていました。ただ、いずれにせよ、ひとつにまとめることが大事です。なんか良いアイデアの元をと思って、探すときにバラバラだと辿り着けなくなってしまいますから。

アイデアは思いついたときに、どこにでも書くことが基本です。頭の中ではすぐに消えてしまいますから。ですので、居酒屋で思いついたら割り箸の袋に書いて、ノートに貼ったこともありました。いまはスマホで撮れて、文字も音声も登録できるので、ずいぶん楽になりました。パソコンでWEBサイトを見ているときに面白い情報を発見すれば、ブラウザクロームのエクステンションでEvernoteのボタンを押して、すぐにスクラップできるようになっています。

アイデアは細かく整理しないほうが良いというのが私の持論です。もちろん、時間があれば細かく整理してもいいのですが、整理するときにそのアイデアを見返しますから、さらに発想が膨らむ効果のほうが期待できると思います。分類したい人は、分類してみてください。Evernote であれば、タグで整理するのが良いでしょう。

ですが、アイデアの分類は正直なところ、適当で良いと思います。整理することがアイデアを生むわけではありませんから。

アイデアを出さねばならないときに、やらなければならないことは手足を動かすことで、机上で頭を捻ることではありません。日々の生活や仕事の中で面白いと思ったアイデアを蓄えておくことが、自分がアイデアを出すためのベースになります。パクリではなく、面白いアイデアを元にして自分のビジネスで発展させるのです。

たくさんの商品やサービスを作る仕事をしてきましたが、アイデアを出すときには頭を整理しなければなりません。まず、アイデアを出す前には制約条件を整理します。そうなんです。私にとってアイデアを出すことは、制約条件の整理と同義なのです。

制約条件を整理することを具体的にやってみましょう。例えば、大分で商品開発をすることで考えましょう。

「大分県の名産品を使うこと」
これが制約条件です。

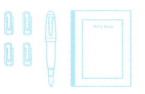

次に名産品を調べると、大分はシイタケの生産高が日本一であることが分かりました。ですから、次に制約条件として、

「シイタケを使った商品を作る」

という制約条件が追加されます。

どうせ作るならば、「お土産物として売っていないものを作ろう」と考えます。これも制約条件です。

このように制約条件を追加、追加、追加していくことが制約条件の整理です。その制約条件を満たしたアイデアを考えるのがアイデア出しです。アイデア自体を整理するのではなく、制約条件を整理していくことで、良いアイデアに辿り着くのです。

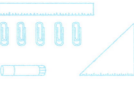

あとがき

整理好きでない人にとって、整理は面倒くさい。でも、整理していないと「大丈夫かな」「あとで困らないかなぁ」と思ったりする。

整理していなかったせいで、色々なモノを探しまわる羽目になる。で、そのときだけは整理しなきゃと思う人のための整理術の本として、本書は書き上げました。

色々な人に、「何を整理したい」と聞いた結果、挙がったことについて書きました。例えば、写真を整理したいと思っていた人がかなりいました。プライベートなものですから、誰も整理してくれません。スマホやデジカメで写真を撮るのが気軽になったことで、溜まる一方です。これは、本文でも紹介しましたGoogle Photosを使えば一発で解消するのですが、これに辿り着くまでホントに紆余曲折しました。

知らなければ、ずっと面倒くさい整理を続けるか、いつか写真を整理しなければという気持ちを抱えたまま生きていくことになったかと思うと、こういう素晴らしいサービスを開発してくれたGoogleさんには感謝しかありません。

仕事において、プライベートにおいての両方で整理する技を紹介しました。というのは、プライベートも仕事も考え方は同じだからです。また、プライベートの時間と仕事の時間を合わせると自分の1日に使える時間になります。ですから、自分の時間を有効に使おうと思ったら、どちらかだけを効率化しても意味がありません。

例えば、本棚を整理することも本を読む多くの人からリクエストをされた項目でしたが、私も本をたくさん読むので常に悩まされてきました。本を読むのはプライベートかもしれないし、仕事かもしれません。でも、確保したい時間は本を読む時間であって、本棚を整理する時間ではありませんよね。

でも、散らかると問題もあります。必要な本を取り出せないから、読みたい本を探すまでに時間がかかってしまうのです。そうなると、本棚を整理しなきゃと思うけれど、本棚を整理するのは好きじゃないので、ついついそのままになってしまうことが多いわけです。

というわけで、できる限り面倒くさくない方法をこの本では紹介しました。普通の整理術の本では、分類するとかサイズを合わせるとか、捨てろとかを言う方が多いと思います。基本的にそんな面倒なことや嫌なことは紹介していません。読み終えた本をひっくりかえして右側に置くという単純な方法です。

色々なテーマについて、「15分がんばればできる」とか「1時間の時間があるときにどうぞ」というように、乗り越えるべき時間を書きました。その意図は、面倒くさいけどその仕組みを導入することを一度やってしまったほうがそのあとは面倒くさくないからです。

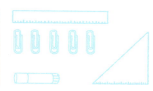

片づけや整理は途中でやめてしまうことも多いですが、同じカテゴリーの整理は途中でやめずにやり終えていれば、その部分だけは次から仕組み化されているので、楽にさばけるようになるはずです。

この本は、整理が面倒くさいと思っている人向けに正直に書いた本なので、片づけの本でよく書かれている「リバウンドはしない」とは言いません。モノが入ってくる量が増えてくれば、整理のやり方も変えないといけないはずです。ですから、この本のやり方だけがすべてではありません。技術的なものは日進月歩するはずですし、読者のみなさんの興味関心も変わるでしょう。興味関心が変われば、持ち物や生活スタイルも変わるから、またそれに応じた整理方法を編み出す必要があるでしょう。

今回の本は掃除の本ではないのでまったく記載していませんが、自宅をすべてIoT機器で武装していく雑誌の連載でルンバを導入しました。ルンバを導入すると掃除は自動でやってくれますが、ルンバを導入するために床置きのモノをなくした家にしておかねばならず、最初の導入は結構大変でしたし、今も智恵を絞って電気ケーブルなどを床に這わないように工夫しています。つまり、新しい仕組みを入れると楽になる半面、その仕組みにあったスタイルを取らなければならなくなるので、向き不向きもあるでしょう。

例えばこの本で、紙の書類をすべてＰＤＦにしてクラウドに保管する方法をご紹介していますが、正直なところ、これはルンバと同じレベルくらいハードルが高いかもしれません。ですが、書類という永遠に増え続けるものを整理する仕組みを、最初は面倒くさいですけど、入れてしまうことに成功すれば、快適です。

整理することは目的でありません。何度も繰り返しますが、私自身も好きでもありません。整理して、モノを探すための無駄な時間を減らし、そのあとの自分自身の時間を作りたいだけなのです。

この本が、みなさんにとってのヒントになったら、著者として嬉しい限りです。

美崎　栄一郎

美崎栄一郎（みさき・えいいちろう）

1971年生まれ。大阪府立大学大学院工学研究科修了後、花王株式会社に入社（商品開発部門配属）。衣料用洗剤「アタック」や化粧品ブランド「ソフィーナ」など幅広い商品を担当。株式会社ニコンと共同で「多視点画像解析システム」を開発するなど、プロジェクトリーダーとしても活躍。入社後数年間は、残業が月100時間を超えるほどのワーカホリックだったが、中堅社員時代に受けた業務改善研修をきっかけに優先順位づけ、働き方メソッドを確立して残業をゼロに。その後、「12時出社・5時退社」の働き方も実現する。2011年に商品開発コンサルタントとして独立後は、大手から中小企業まで数多くの商品開発を支援する一方、企業など団体向け講演や、「仕事効率化」「ノート術」「デジタル端末などの使い方」など幅広いテーマで個人向けセミナーを行い、テレビやラジオなどメディアへの出演も多数ある。

JASRAC 出 1811788-801

面倒くさがりやの超整理術

「先送り」しないための40のコツ

2018年11月21日　初版発行

著　者　美崎栄一郎
発行者　野村直克
発行所　総合法令出版株式会社
〒103-0001 東京都中央区日本橋小伝馬町15-18
ユニゾ小伝馬町ビル9階
電話　03-5623-5121
印刷・製本　中央精版印刷株式会社

落丁・乱丁本はお取替えいたします。

ISBN 978-4-86280-651-2
総合法令出版ホームページ　http://www.horei.com/